苏州百年老校
校长访谈录

主编　董宙宙

文汇出版社

序

（签名）

苏州这座城市，历来就是经济、文化、教育发达之地。

单以教育而论，千百年来，苏州便形成了"重仁、崇文、经世、包容"的自身特色。清代吴江人钮琇在其笔记《觚賸》中记载了一件趣事：清初，学者汪琬在翰林院。某日，同僚纷纷矜夸自乡土产，唯汪琬沉默不言。大家揶揄道："苏州自号天下名邦，先生是苏州人，岂不知苏州土产？"汪琬答曰："苏州土产绝少，只有两样东西。"众人问之，汪琬说："一是梨园子弟。"众人抚掌称是之际，汪琬却突然止住不语。在大家一再追问下，方才慢吞吞说出另一个："状元也。"众人听罢，"结舌而散"。

事实上，在科举兴盛的近 1300 年间，一共诞生文武状元 700 多名，苏州独出 51 名，其中文状元 46 名，武状元 5 名，其数量之多，为全国各城之冠，是名副其实的"状元之乡"。

如今，这个曾经的"状元之乡"又在几代人的积淀中，孕育出百余所拥有百年以上历史的老校。在我看来，状元也好，百年老校也好，都是苏州人崇文精神的极致体现。

2014 年 1 月 26 日，由苏州中学、市十中、市一中、市三中等 9 所百年老校倡议发起的苏州百年老校协会正式成立。

寻觅百年老校的历史文化轨迹，挖掘百年老校的现代价值，传承百年老校的教育精神，探索百年老校的创新之路，推进苏州现代化教育的发展，为实现中华民族伟大复兴培育具有国际视野、博大胸怀的高素质人才。我想，这正是苏州百年老校协会成立的意义所在，也是这本书的意义所在。

希望能有更多的有识之士参与进来，为苏州的教育、苏州的文脉、苏州的文化贡献一份力量。

2017 年元月

目录 CONTANT

苏州中学
从千年府学到地球学习村

　　江苏省苏州中学是一所享誉中外的江南名校，有府学之千年渊源，新学之百年传承。北宋景佑二年（1035），范仲淹奏办苏州教育史上有案可稽的首座官办学校——苏州府学，自此，近千年来学校地址从未迁移，办学历史从未间断，人称"东南学宫之首"，开三吴文风。范仲淹立苏州府学时，创设庙（文庙）学（府学）合一的格局，此后的官办学校都开始沿用，从府学到县学、州学，均与文庙结合，此种办学形式一直持续到1904年晚清政府废除科举制度才结束，一共八百多年历史。

　　时至清康熙五十二年（1713），江苏巡抚、理学大师张伯行，在府学内创设校中校——紫阳书院，以培养高质量的经学研究人才为办学宗旨。短短一百九十年间，紫阳书院以非凡的成绩获康熙"学道还醇"、乾隆"白鹿遗规"、同治"通经致用"三块御匾嘉奖。

　　清光绪三十年（1904），朝廷颁停止科举诏书，开始兴办西式学校，府学及紫阳书院完成历史使命，同时停办，由时任江苏巡抚的端方改建为江苏师范学堂，任命国学大师罗振玉为首任监督，聘国学大师王国维为首席国文教习。辛亥革命后，学堂改名为江苏省立第一师范学校，直至1927年。二十三年的师范史为普及东南地区的小学教育作出了不可磨灭的贡献。

　　1927年，经国民政府江苏教育厅决定，江苏省立第一师范学校与江苏省立第二工业专科学校，以及江苏省立第二中学合并，更名为江苏省立苏州中学，由汪懋祖出任第一任校长，至今已八十七年历史。

苏州中学校长　张昕

2014 年是苏州中学新学 110 周年，汪懋祖校长当年的精神是否还在？现在的苏州中学是否还是他理想中的学校？作为他的当任校长、他的事业传人、他的精神后代，张昕校长为我们讲述了他记忆中这个承载了无数人的教育梦的园子。

关于道山的共同记忆

文汇雅聚（以下简称文）：今年是苏州中学 110 周年校庆，与往年相比，有什么特别的地方？

张昕（以下简称张）：今年的校庆，我们提出了"心系道山，胸怀天下"的理念，希望让所有的师生、校友记住道山，不忘天下、

国家。这次我们只邀请了我们的校友，让他们再体验一次在这里当学生的感觉。

文：道山是一座什么样的山？

张：据说五代十国时期，吴越王钱镠在此挖池堆山，营造风水。这座以道为名的道山，海拔只有 6.7 米。校园里的每个人都曾登过这座山，对于每一位曾经在此任教或者求学的师生而言，它是文化的象征、精神的象征。如果这座道山真有灵性的话，它一定会记得这近千年历史中的每一个人、每一件事，而它也是在这里工作、学习、生活过的所有人的共同记忆，所以道山是苏州中学的风水、苏州中学的精神、苏州中学的文化、苏州中学的灵魂。

文："胸怀天下"对苏州中学来说有着怎样独特的意义？

张：苏州中学历史上的几位名人对这四个字作出了最好的诠释。首先，苏州府学的创始人范仲淹提出了"先天下之忧而忧，后天下之乐而乐"；而后明末清初在苏州府学读过书的顾炎武面对外族入侵，提出了"天下兴亡，匹夫有责"。这两句名言家喻户晓，而他们以天下为己任的精神也已经成为中华民族的思想。然后到 1927 年，苏州中学成立之后的第一任校长汪懋祖，远渡重洋到美国留学，抱着"教

育救国"之心，选择学习西方教育。后来他辞去北京师范大学代理校长的职务，来苏州中学，为的就是要实现"教育救国"的理想。他在临终时的最后一句话就是："救中国文化……努力教育……人格教育……"最后，苏州中学的学生钱伟长（钱穆之侄）考取清华大学历史系，第二年爆发"九一八事变"后，他强烈要求转入物理系，想科学救国，后来他竟成为物理系最好的学生，也成为中国著名的科学家。正是因为这些典范，所以我要求学生们要胸怀天下，以报效祖国为己任。

求学的"从游之乐"

文：作为苏中第一任校长，汪懋祖先生提出了什么样的教育理念? 您是如何理解的?

张：汪先生是杜威的学生，他将杜威的"教育即生活"学说加以改造和发展，提出了"教育源于生活，教育改变生活"的教育理念，并在他四年苏中校长的任期中始终贯彻了这一理念。对于这一教育理念，我将其理解为两层涵义："教育源于生活"可有两种理解。其一，教育饮水思源于生活，为生活而教育，生活是教育的原动力。其二，教育追根寻源于生活，化生活为教育，生活是教育的原材料。"教育改变生活"亦有两种理解。其一，因为接受了教育，而必定改变了个人的生活。一个受过教育的人，不仅会改变自己，也会改变周围。其二，因为发展了教育，而必定改变了人类的生活。

正是基于这样的理念，汪先生提出了从苏州中学出来的学生，身上都要有苏中之精神："有转移环境之能力，而不为不良环境所屈服。"所谓"转移环境之能力"，是对周围乃至对社会的一种精神影响能力或物质改造能力。所谓"不为不良环境所屈服"，既是对艰苦条件的承受力，亦是对低劣风气的免疫力。"苏中精神"要求苏州中学的学生在学期间力求培养这些能力，更要求苏州中学的学生在毕业之后力求体现这些能力。

文：除了提倡生活教育外，汪先生还特别要求创办学术型的高中，他是怎么做的?

张：汪先生提出"以教师的学术引领学生的学业"的办学理念。为贯彻这一理念，他多方延聘名师，精心规划教育，营造学术氛围，鼓励教师自编教材，培养学生研究兴趣，成绩斐然，人才辈出，使苏州中学成为名闻遐迩的国内中学之楷模。当时被他聘请任教的著名学者有陈去病、钱穆、吕叔湘、吕思勉、颜文樑、孙起孟、吴梅等。他创办了《苏中校刊》，在校刊上教师可以讨论教育问题、发表意见，校刊成了改进教学方法、提高教育质量的自由论坛。当年的苏中，不是以考大学为本，而是推崇教师拿出卓越的学术追求与行为来带动学生求学，学生反倒因此很容易考上名牌大学，并能体会随老师求学的"从游之乐"。

文：现在的苏中还延续着汪校长的教育理念和苏中精神吗？

张：是的，汪校长那时的苏中影子无处不在。苏州中学毕业的学生不管是过去还是现在，乃至未来，不管是在苏州还是在世界各地，他们都能够成为优秀的人才，为社会作出贡献。教育与生活结合的理念，现在贯彻得最好的做法就是学生创业社团，学生在自己的社团中会培养各种有用的能力——与人合作的能力、动手操作的能力、说服动员的能力，这些社团实际上就是培养领导才能的一个实验室。我一直要求教师既要成为研究型老师，更要成为学术型老师，强调以教风引领学风，以师德带动生德，为此苏州中学和南京大学合作开办"匡亚明实验班"，"2+4六年一贯高中、本科连读直通车"，还与西安交大合作开办"2+4+2高中、本科、硕士八年一贯直通车"，通过跟国内一流大学合作，在没有高考、硕考压力的前提之下，培养拔尖创新人才。我们无法直接请到学者来校任教，就用这种方式邀请一流大学的教授来我校开办讲座。

教育人的底气

文：作为苏州中学校长、民进苏州市委主委、苏州市政协副主席，您最看重的是哪个身份？

张：我最在乎的身份是苏州中学校长，因为我是一个教育人，还是

尊经阁

香樟大道

红楼

春雨亭

欢送吕淑湘先生出国留学（1933年2月）

上世纪80年代的苏中校门

喜欢跟孩子、老师和学校在一起。

文：在这样一所百年老校里，您会坚持怎样的教育理念？

张：我一贯坚持的理念是"让更多的学生有更好的发展，以科学的方法求和谐的发展"。这个理念的主体是学生，主题是发展。第一句的内涵很丰富，是一个目标，但用什么方法实现？所以我就提出以科学的

方法求和谐的发展。另外一句话是："有底蕴更要有底气，有底气才能够大气。"在对前辈给我们留下的光荣历史允满感恩之心的同时，我们更要把我们的底气做足。实际上就是不要吃老本，要立新功，实力才是大气的基础。这两句话是一种历史观，我们的过去叫底蕴，我们的现在要有底气，大气则是面对未来的。

文：新的时代，苏中如何与时俱进？

张：我们于 2003 年起建苏州中学园区校，位于苏州工业园区湖东地

图书馆

区，启用于 2005 年。在建园区校时，采用了多元文化教育的理念，我希望把园区校办成既国际化又本土化，既现代又传统的特色校区，所以提出了"融合东方文化与西方文化，融合传统文化与现代文化"的文化理念。另外，我们还提出"多元共生，价值尊重，人性完善"的理念，学校提倡湿地教育，体现了物种的多元共生；推出的地球学习村计划，则体现了人种的多元共生。

（采访于 2014 年 9 月 11 日）

苏州市实验小学
小学校有大教育

　　"沧浪亭畔，古学宫旁，梧桐杨柳门墙……"，苏州市实验小学校悠扬的校歌仿佛把我们带回了百年前。1904年，江苏巡抚端方在紫阳书院旧址创设江苏师范学堂，任命罗振玉为监督。1905年，在操场之北建造附属小学校舍十间，罗振玉任堂长，定名为江苏师范学堂附属两等小学堂。民国元年，师范改为省立，附小亦同为省有，改名江苏省立第一师范学校附属小学校。1934年，定名为江苏省立苏州市实验小学校。1950年定名为苏州市实验小学校。1955年学校迁入南门蒌箕街（今新市路）。2010年迁址至人民桥南堍端文路。

　　迄今一百零九年历史的市实小，是中国近代最早建立的实施现代教育体制和教学方法的示范实验小学。建校之初，学校实施儿童本位教育，引进近代西方的教学方法，进行本土化移植的实验研究。著名教育家杨保恒、俞子夷、吴研因、沈百英、施仁夫等都曾耕耘其间。上世纪90年代，时任校长徐天中秉承学校传统，大胆践行素质教育和课程改革，并提出了"小学校有大教育"的理念，为学校在新世纪的教育发展奠定了基调。

　　在百余年的办学历程中，市实小校名几经更改，校址几经变迁，但"育人为本"的办学理念和"实验研究"的办学传统始终不变。

苏州市实验小学校长　林红

从未离开卧龙街

文汇雅聚（以下简称文）：2010 年 9 月，苏州市实验小学迁址新校。新校区的整体设计如何体现百年文化的传承？

林红（以下简称林）：新校整体设计依据小学生年龄、心理、学习方式等特点，充分体现百年传承的"育人为本"理念，以"小学校大教育"的格局全面展开。新校建筑整体呈"龙形"分布，底层架空设计，校园中轴"龙行水系"贯穿南北，建筑基色为赭红色，彰显大气与典雅。校园内"弘毅广场"，以广场中心一巨石为象征，意表实小人"抱负远

大、意志刚强"。广场南北通透的视觉空间感，不同层面和形态的立体式绿化，与其西侧大厅内"诚、仁、智、健"四座汉白玉柱石，以及北侧校门口三层"石阵年轮"所代表的学校重要历史时期，构成了凝聚学校百年精神的环境氛围。

文：学校对新校址的选择是如何考虑的？

林：选择的过程有些曲折，学校看了很多地方，如南门的一丝厂、三十三中等。当时有人提议：因古城交通拥挤，建议学校搬离古城区，我们不同意。市实小 1905 年从沧浪亭畔发源，百余年来校址从未离开过卧龙街，也就是人民路，基本处在"龙头"的位置。文化是有地域性的，如果搬得太远，对学校百年文化的传承自然会有影响。所以，面对种种质疑与压力，学校一致决定，搬迁一定要搬好，不能离开人民路，不能离沧浪亭太远。2008 年 4 月，经过再三斟酌，学校新校址确定于人民桥南堍的黄金地——原苏州纺机厂地块。

文：新的校园环境是如何营造"寓教于境，寄情于景"的育人氛围的？

林：在校园环境的设计上，

我们充分考虑小学生的身心特点，将学校文化融入到环境。最好的作家在写好自己时代的同时，其作品也会超越他的时代。创设中，让校园环境成为隐性课程，在潜移默化中熏陶学生，促进学生身心全面和谐发展。校园内的老校故事墙、校园故事墙、美德少年墙等从不同侧面展示着学校的历史文化、人文特色。校园内"耕、茂、硕、蕴"四园的设计，依次与"春夏秋冬"四个季节相对应，是学生学习、活动、体验的场所。学校用学生、老师自己的作品精心布置教学区的墙面、走廊，使校园成为师生们展示自身的舞台。目前我们正在设计的"学生历史文化体验中心"，建成后将成为学生了解本校百年历史及近现代苏州乃至中国教育发展史的文化活动场所。

小学校里的大教育

文：如何坚守这座百年老校"育人为本"的精神内核？

林：无论是上世纪 20 年代开始的"儿童本位教育"，还是上世纪 90 年代以来在"以学生发展为本"理念指导下的素质教育，市实小百余年来始终都将学生作为关注中心，将育人放在最重要位置。这是市实小自始至终的价值追求，也是学校发展的灵魂。百年之后，"2020纲要"的开篇即为"育人为本"。教育走过百年，回归到了本源。教育离开了"人"，离开了"育人"，离开了"孩子的发展"，真没什么可做的。

我校仍然朴实地坚守着百年来一脉相承的"育人为本"，将"学生发展"放在第一位。我们在新校区建设时就把"学生的需要作为第一考虑的因素"，无论是校园走廊，还是教室内橱柜等细节，处处都能感受到对学生的关怀。学校三位一体的课程建设、科学取向的学科教学研究、丰富多元的学生活动等，无一不是将促进"学生发展"放在最重要位置。我们希望从本校出去的孩子不仅有着扎实的基础、和谐的身心，而且很大气，有着远大的理想与抱负。

走进市实小，你的第一感觉可能会认为"这不是一所小学"，但一进入学校的教学区，你就立即明白这就是一所小学。市实小校园文化的建设贴近学生的心理，而在整体环境的打造上又有所超越，这样学生在成长过程中达到的高度就不会受限，视野也会更开阔。

文：镇湖绿野村的素质教育基地活动非常受学生喜爱，学校最初是怎么考虑的？

林：我校的课程改革从 1994 年即正式启动，当时构建起了学科、活动、环境"三位一体"的素质教育课程体系。随着课程改革不断深化，学校越来越明显地感觉到：实施素质教育的空间急需拓展。实施素质教育需要开展多种多样的学生活动课程，如果仅仅靠学校现有的场所是无法满足的，所以就考虑必须培育和开发更好的教育资源，满足学生活动需要。1998 年，学校在苏州高新区镇湖镇开始建设学生素质教育基地，2000 年建成。基地占地近 250 亩，与风光秀丽的太湖相邻，又称"绿野村"，内有种植园、养殖园、科技园等。"绿野村"的学生活动丰富多样，既结合独特的自然环境优势，又有地域特色，比如：学习"陶艺、农艺、绣艺、木艺、编艺"，"进行生态环境考察，制作昆虫标本，测量土地，小鬼当家"等等。"绿野村"自开营以来，已有十余万人次学生参加了基地的各类活动，成了最受学生喜爱的学习乐园。

文：新的历史时期，这所百年老校有什么样的新发展？

林：近二十年来，我校继承传统、开拓创新，在实践中形成了一系列颇具校本特色的"小学校大教育"治校方略，很好地指导了学校的办学实践，使百年老校在新的历史时期获得了新的飞跃。2003 年12 月，苏州市实验小学教育集团正式成立，目前拥有苏州市实验小学本部、苏州市实验小学附属幼儿园、苏州相城实验小学、苏州沧浪新城实验幼儿园、吴江明珠学校等十个实体。学校集团化发展不仅是校区的结合，更重要的是文化的融合。我现在兼任教育集团总校长和市实小校长，首先要做好的就是消弭校际、校区思维，形成有着共同文化源头、文化特色，又有着各自不同办学特点、办学优势的集团学校共同体。目前，集团内学校共同的文化与不同办学优势初步形成。

对学校的历史心存敬畏

文：作为苏州市实验小学第十八任校长，在百年老校任职，如何传承学校的百年文化？

林：我始终认为继承本校的百年文化，首先就是教育理念的传承，

架空的底层设计，南北通透的视觉空间感，春日桃花掩映下的"弘毅广场"，"大气"扑面而来

一定要先给自己定好位，对学校的历史心存敬畏，认清应该坚守和传承什么；然后是对现实有清醒的认识，回归教育本真；最后是要有想法，与时俱进，做一些实事，不能与时代脱节。

2010年以来，我们对学校百年文化特色进行了全面的梳理与提炼：将百年孕育、凝聚，并在师生中代代相承的特色文化的核心用八个字概括——求真、求实、求精、求新。"求真"是指市实小人始终坚持以科学理论、科学方法指导教育实践，通过科学的教育实验研究，革新教育思想，创新教育、教学、管理方法，推进教育改革。"求实"是指市实小人实实在在做事，教育、教学、管理不摆花架子，把每一件关系到学生发展的工作做实，重视每一个细节，讲求实效。"求精"是指市实小人对待工作精益求精。市实小人相信只有持续改进，不断完善，追求卓越，才能使学生、学校发展得更好。"求新"是指市实小人有着敢为人先、率先发展的精神。

文：在学校任职与在教育局有何不同？

林：我1982年毕业后即到市实小做语文教师，之后担任过教导主任、副校长等。2001年调入教育局，在基础教育处分管苏州市的小学和幼儿园，2010年又回到市实小担任校长。机关和学校的工作内容不太一样，教育局的工作，如政策的制定、教育管理等更需要

罗振玉

江苏淮安人，农学家、教育家、考古学家、金石学家，中国近代考古学的奠基人。清末奉召入京，任学部二等谘议官，后补参事官，兼京师大学堂农科监督。1904年，在苏州创办江苏师范学堂，担任监督，成为本校首任校长。

宏观视野。学校工作就不一样了，从学校发展，到教育教学、后勤保障等方方面面都需要考虑周全。所以，这两份工作给我的挑战与压力是完全不同的。

文：您制订了一个五年规划，未来五年学校发展的重点是什么呢？

林：在教育历史的长河中，五年只是一瞬间。学校制订这个五年规划，是希望在这五年内，学校能够与时俱进，让"育人为本"的办学理念、"实验研究"的办学传统得到更好的传承与弘扬，为学生发展、为教师成长多做一些实实在在的事。

新的五年，我们研究与实践围绕的中心依然是如何更好地促进"学生发展"，结合信息时代这一大背景，重点首先是教育信息化，而"促进学生个性化发展"是学校教育信息化重要的价值取向。我们将开展基于大数据分析的学生个性化学习研究，实施优质、适切的教育。同时，我们将继续深化课程改革，通过学生活动的进一步课程化，给学生个性化发展提供更为广阔的空间和舞台；我们还将继续深化"科学取向"学科教学研究，运用科学的方法提高教学效率，减轻学生负担。实小人将共同传承、发展学校百年文化，让市实小成为学生乐学、教师乐业的美好家园。

（采访于 2014 年 9 月 18 日）

江苏省新苏师范附属小学
古城中的"大家闺秀"

1913 年 10 月 13 日，在民国时期的教育热潮中，江苏省立第二女子师范附属小学应势成立，校舍则是租用苏州新桥巷的民房。翌年，又迁入原江苏省农业学校旧舍（今苏州吉庆街 86 号）。在随后的几十年间，学校几易其名，直至 1981 年，原本停办的新苏师范（即原女子师范）重返旧址，学校恢复附小，正式定名为沿用至今的江苏省新苏师范学校附属小学。

百年之后的 2013 年 10 月 13 日，新苏师范附小以朴实而有意义的方式迎来自己的百岁生日：全校师生拍摄各种各样的团圆照留念，并以画信的形式承载附小人对未来的憧憬，把昨天的历史、今天的现实、明天的希望寄给未来。正如现任校长陶六一所期许的："办学就像接力赛，我们现在努力传承百年前的教育传统，也希望未来还能继承、发展下去。"

江苏省新苏师范附属小学校长 陶六一

浸润百年风雨的"女校"

文汇雅聚（以下简称文）：历史上，人们提起新苏师附小，据说有"女校"的说法，听起来像个大家闺秀，这其中有什么历史渊源吗？

陶六一（以下简称陶）：我校的确曾在历史上被称为"女校"，与苏州市实验小学的"男校"相应。回顾本校的历史，就不难理解为何人们会从性别的角度来看待本校了，因为附小原本就是原苏州女子师范（即江苏省立第二女子师范）的附属小学，而且第一任校长杨卫玉先生，就是提倡女子教育和职业教育的著名教育家。杨卫玉字鄂联，生于晚清，

民国以后，先后在苏州女师附小、苏州女职、镇江女师等校主事或任教，倡导女子教育。上世纪 20 年代，他应好友黄炎培之邀，参加中华职业教育社，成为民国职业教育的先驱。

文：民国时期苏州涌现了一批教育大家，给苏州地区的教育事业树立了一个高峰。除了杨卫玉先生，本校历史上还有哪些知名校长呢？

陶：新苏师附小历史上提倡名家办学、名师从教，除杨卫玉外，本校历史上有一位著名女校长——陈定秀。她生于昆山的书香世家，从苏州女子师范毕业后，又考入北京国立女子师范学校（今北京师范大学）附属国文专修科，成为中国第一代女大学生。1919 年，五四运动爆发，陈定秀和三名女同学走上街头，游行集会，时称"四公子"。1930 年，陈定秀返回苏州，担任本校校长。在本校任职的三年间，她给学校留下了一本《行政规程》。这本规程做得十分细致到位，我们现今的办学都可以从中找到当年的痕迹。此外，上世纪 30 年代还有一位知名校长——吴增芥。吴增芥是著名的心理学家、教育家，其父吴研因也是教育家，曾担任苏州市实验小学校长，父子俩还

校园秋雨

合编了新中国成立之前的第一本小学教学论著。其实，当时我们不光有名人主事，还邀请到画家钱松喦、儿童作家李方、自然科学教育者吴凤仪等一批名家充实教师队伍。

好的教育理念是超越时代的

文：您如何看待民国时期的教育？

陶：人们常将民国时期与战国时期相并列，认为这两个历史时期都是思想活跃、名家辈出的时代。我个人也认同这种看法，而且百年前的民国时代，正是中国教育步入现代教育的历史时期。教育事业从此获得迅速的发展，中国教育也逐渐呈现出一个比较系统、完备的形态。这一时期苏州地区涌现出一批著名的教育大家，他们多抱有"教育救国"的理想，其教育理念为国家、社会培养出一批批人才。

文：您认为本校现在的教育和民国时期的有何异同？

陶：新苏师附小现在的办学理念和民国时期其实是一脉相承的。一百年前，附小在创办之初就确定了一个教育信条——养成健全人格，实现圆满人生。杨卫玉校长把教育定位为以培养身心健康的个体为核心，尊重个体发展。百年以来，这个目标一脉相承，从未变过。这个目标其实也是世界性的目标，联合国教科文组织明确提出过这样的理念。无论外面的环境如何变化，我们的办学使命是不可变的。

文：也许正是由于民国时期涌现出一批至今仍有影响力的教育大家，才导致人们在教育的认知上有些"厚古薄今"？

陶：我觉得考量教育，首先应考虑到相应的环境。我去过国外很多学校，发现在我们羡慕人家的同时，人家也在羡慕我们。比如我到欧洲考察，他们就认为中国的年轻一代很有朝气、抱负，相比之下，欧洲就像老年人一样，很多年轻人不思进取，缺乏活力。教育事业在发展中都会存在弊端，但一味将弊端放大，那任何时代、任何国家的教育问题都很大。事实上在百年历程中，社会各个时期的经济体制、社会结构都在变化，本校历代校长注重在原有的教育制度下融入与时俱进的管理理念，主动以变应变，这就促使学校不断学习、改良，但也留意重拾曾经不经意间丢弃的宝贵经验。

文：您认为百年前的教育对现代教育有着怎样的影响？

陶：百年前的先辈给我们留下的宝贵遗产，就是让我们做人做事懂得遵守规则，并且又指点我们该怎么提升自己、发展自己——人需要怀揣理想，培养独立思考的风范。正是因为本校在百年中涌现出这样一批知名的校长和教师，他们沉静地做事，又以一流的学识水平影响了历代的学生，因此即便在今天，他们的管理经验仍足以让我们借鉴。好的东西经过时间的检验而成为经典，它们是超越时代的。经过积淀，成为传统，由此而生生不息，最终成为人类宝贵的精神财富。

一位"天生"教育者的感恩之心

文：您的名字很有特点。

陶：我常跟朋友开玩笑，说我的名字跟我从事的教育工作简直是绝配，冥冥之中自己似乎就是个"天生"的教育工作者。我是学教育专业出身的，大学毕业后，先在新苏师范教授教育理论、心理学等专业课程。在这九年间，渐渐感觉自己教授的这些专业"上不着天，下不着地"，很空泛。不久，我等到了一个梦寐以求的机会。按照当时惯例，新苏师范附属小学的校长是从新苏师范的教师队伍中选派，很幸运，我被委以重任。

陶六一："无论外面的环境如何变化，我们的教育使命是不可变的。"

文：那您担任本校的校长已经很多年了吧？

陶：1994 年，我先在附小担任了一年副校长，随后于 1997 年正式担任校长，至今已走过了二十个年头。我觉得，在中国教育改革开放的新时期能到基础教育一线工作，能拥有一片天地来做自己想做的事情，真是人生的一大幸事。我不知道母亲给我取的这个名字是不是给了我一种心理暗示，但能做小学校长一定是一种缘分。所以，二十年来，我始终怀着一颗感恩的心，沉浸于学校，获得了一份真正的职业满足感。

文：这么多年的教师、校长经历，您最大的心得是什么？

陶：我觉得一个优秀的校长，首先要具备修己利他、立德树人的情怀，教育者必须以崇高的理想、去除功利心地追求修炼自己的职业境界，所谓"虽不能至，心向往之"。其次，教育是需要大爱的，因此，要修炼自己"至善"的德性，才能不辱育人的使命。教育就是为了把学生培养成为一个真正的人，一个不但拥有个人幸福、身心健康的人，而且能为社会、国家做贡献的人。

文：在这样一所拥有百年历史积淀的老校里，您会坚持怎样的教育理念？

陶：培养学生健全人格，为每一个孩子奠定幸福人生基础，这是我内心深处一直坚守的教育理想，因为阳光向上的健康人格培养是教育的核心目标。十多年来，我研究学校养生式管理，以学生阳光个性培养为核心，经营阳光校园生活，目前，学校作为苏州市基础教育改革项目学校，正在致力于开展"促进小学生阳光个性评价"研究。今年上半年，我校与苏州蓝缨学校联盟办学，向苏州蓝缨学校小学部输出优秀的管理理念和管理团队。民办学校拥有更自主的办学空间，因此我将用心做好三件事情：一是阳光学生成长课程，二是智慧家长培训项目，三是卓越教师研修计划。教育是个系统工程，教师、学生、家长共同成长才能赢得教育。阳光成长课程是学生健康成长的保障，好教师则是好学校的基石，至于做智慧家长培训项目，是因为现代人都有一个共识：父母是孩子的第一任老师，一个人无论走到哪里、达到什么成就，家庭教育的影子会永远伴随着他。作为教育的主体，学校和家长间是平等关系，我希望在学校教育的正向引导下，让家长成为与学校共通共融的智慧型家长，最终实现"家校同心，合力共赢"。

文：您认为教育对 21 世纪中国的命运还具有决定性的影响吗？

陶：当然会有。人类历史那么久远，个体的生命在历史长河中十分短暂，但是人类需要发展，需要超越前人，那就必须站在巨人的肩膀上，在继承前人的经验、精神财富的基础上，继续创新、发展。教育本身就是传道、授业、解惑，是人类生存繁衍、存续发展的一个重要手段，所以虽然在不同的时代，教育呈现出的形态会有所不同，但不管在哪个时代，教育的使命都不会改变。

（采访于 2014 年 9 月 24 日）

雪中校园

苏州第十中学
教育要做得完美如画

　　有一所学校，杨绛曾担任校长；苏雪林、沈骊英……曾在此执教；费孝通、何泽慧、李政道……曾在此读书。—— 她是苏州十中，一所最江南的学校。学校承名人名园名校传统，办质朴大气精品教育。著名教育家陶行知先生曾评价振华女中是"数一数二的学校，是振兴女子教育最早的先锋"。当年一批社会贤达如章炳麟、蔡元培、李根源、竺可桢等曾出任校董，过问校政。百年来，这所学校留下许多故事。故事里流淌着生命的气息，那正是"教育"。苏州的基础教育界保存并发展着近百所百年中小学校，它们是苏州现代教育史上的"典籍"之作，江苏省苏州第十中学作为"典籍"中的重要篇章，代表着苏州乃至中国现代教育的传统精华。

　　苏州十中前身为名震东南大地的"振华女中"，由王谢长达女士创办于1906年。校园为清代织造署旧址，景色秀丽、古迹众多。西花园为皇帝行宫后花园，康熙六下江南，乾隆六次南巡，在苏州均驻跸于此。耸立于假山池塘中的瑞云峰为北宋花石岗遗物，号称江南园林山石之冠。振华时期留下来的建筑物如行政办公楼、振华堂、长达图书馆（蔡元培先生题匾）等业经修饰，旧貌换新颜。浓郁的文化气息弥散在校园里，"质朴大气、真水无香、倾听天籁"的学校文化精神物化在一草一木上，形成了丰富的人文景观，造就了令人美慕的育人环境。

苏州第十中学校长　柳袁照

给人适逢其时的美感

文汇雅聚（以下简称文）：老学校的教育传统是刻骨铭心的，老学校"老"在氛围，"老"在风格，"老"在底蕴，老学校永远珍藏在老百姓的心中，你怎样看待百年老校的文化意义？

柳袁照（以下简称柳）：百年老校既是中国教育的一大珍宝，也是中国文化的珍宝，百年老校对推动中国的近现代文明做出了巨大的贡献。真正的传统并不是一去不复返的遗迹，而是一种生机勃然的文化精神和生命力量。从历史走到今天，凝聚传统文化精粹的教育必然具有顽强的生命力，许多精粹无论在历史上还是当下都仍在发挥着作用。这种作用过去可能是直接、显性的，而今天可能就是间接、潜移默化的。百年老校是当下苏州教育的一份宝贵财产，主要体现在老校的教育思想、教育方法与物质层面上，能沟通古今的学校教育，才能常盛常新。百年老校的意义，我想就是至今仍散发着教育意义的思想，而这些教育思想又体现在教育大家身上。

文：教育大家与百年老校是一种什么样的关系？

柳：苏州的百年老校之所以出名，是因为这些老校早期涌现了一批著名的教育家。前人把背影留给了历史，历史却在经年的流变中，漫出缕缕书香和灵魂的气息，绵长的文化血脉更是赋予了时间以久远的意义。历史上一些重要人物的遇合，常常给人适逢其时的美感；而这些站在历史风口浪尖上的人物，他们思想碰撞所产生的火花，注定将指引着整个学校的办学思想与教育主张延伸整整一个世纪。应该说，教育家与百年老校是相得益彰的。教育家创办了学校，在把学校办成经典老校的同时，又促进了他们自身的成长。民国时期中国文

瑞云峰

化界、教育界最著名、最杰出的人士都与苏州教育界有着千丝万缕的联系，如与十中渊源深厚的蔡元培。我校在 1906 年创办的时候，他便是本校校董，直至 1940 年去世。

文：蔡元培对苏州十中产生了何种影响？

柳：十中创办人王谢长达是蔡元培的师母，他的先生王颂蔚便是蔡元培的老师。蔡元培在十中多年，除了其中的师生之谊，更主要的是他本身倡导女子教育。蔡元培在上海创办爱国女校后，又于苏州鼎力支持振华女校（十中前身）的创办。1936 年，我校三十年校庆时，蔡元培、胡适、竺可桢来校同庆，而正是在这次庆典上梳理了现代女子教育和新式教育的种种理念。蔡元培还是我国近代史上最早提倡美育的教育家，他的"以美育代宗教"的主张在当时产生了极大的影响，十中的校园便是蔡元培美育实践下的一个成果。十中自百年前创办之时就提倡教育之美，无论是校园之美、课堂之美，无论是老师美、学生美，或者是心灵美，整个美学的思想都可以从蔡元培的思想中找到源头。在美的环境中更催生美的事物，学生徜徉其中，领悟着自然美、环境美相融一体的艺术魅力。这魅力启迪了学生美的意识，激发了他们创造美的欲望。美感动了他们，他们又创造了更多的艺术美，去感染更多的人。如是，大家沐浴在美的境界中，在美的感召下思想境界得到了升华。

虽不起眼，也要盛开

文：写《教育是什么》这本书的初衷是什么？

柳：教育是什么？泰戈尔说，教育应当向人类传递生命的气息。我在十中，一年一年走过，当时只是感觉漫长，而今走过，再回首似乎仅是一瞬间。斯园、斯人、斯事，对我来说，都是生命中的珍藏；旧时光、新时光，对我来说，都是美好难忘的时光；瑞云峰、老桂花树，对我来说，都是教育的记忆。我把书中的每一个文字，都看成是生命——属于我的，更是属于这个校园每一株草木的蓬勃生命。

文：您心里的"教育"是什么样的？

柳：这个最简单、最以为人人都知道答案的问题，却是最讲不清楚的。我们不用教科书上的语言，是否能凭自己的感悟，个性化地表述出教育是什么吗？至少我不能。这几年，我天天想着这个问题。今天，看到校园草丛里的一簇小花，我似有所悟，教育不就是这簇小花吗？虽不起眼，也要盛开，盛开得自自然然。这簇小花，虽然弱小，但浑身焕发出蓬勃的生命活力。教育不也如此吗？无论是高贵，还是低贱，只要是生命都要让它绽放。尊重生命，以生命呵护生命。我们要尊重每一个孩子，他们都是完美的、独特的"这一个"。教育就是要呵护他们，为他们的成长创设条件，捍卫他们成长过程中的尊严。这簇小花，引发我对教育本质的思考。

文：您有一段话写得很特别："我们等待花开，是以什么姿态？放下我们自己该放下的，蹲下身子，你会发现，所有的花蕾，都在挺直了的花枝上，饱满、多彩、茁壮，自信、充实、阳光，所有我们的期待都会在一瞬对着世间绽开。"您认为什么才是好教育？

柳：好教育是真正关注师生生命成长的教育，生命成长是一个教育完整的、完美的概念。有教无类，这是前提。学校、老师无理由选择学生，学生却有权利选择学校、老师。好教育需要有好老师，什么样的老师才是好老师？有情怀、有担当、有原创精神，这些品行是必须具备的。有情怀的人，一定不是唯功利的人，这样的情怀是什么样的情怀？超然的情怀、本土的情怀、有爱懂感恩的情怀；能担当的人，一定是有责任感的人，这样的担当，会以民族为重、国家为重、社会为重；有原创精神的人，有感悟能力、审美能力，善于求知、求异、反思，这样的原创精神，能推动人类文明的进步。以老师的情怀孕育孩子们的情怀，以老师的担当精神锻造孩子们的担当精神，以老师的原创品行影响孩子们的原创品行。这些理念已经成为现实，成为学校的日常状态，学校的气息只有这样的

粉墙黛瓦

"最中国"的学校

气息，唯有如此，才是好教育。

让一块顽石变成精致的作品

文：十中作为一所历史悠久的百年老校，是什么特质让它为社会所认同？

柳：我认为有两点原因。一是"最中国"的校园，所谓"最中国"，就是中国化、本土化，坚持本土情怀。这种情怀包括百年老校这段历史在内的情怀。我们坚守吴文化的传统，修旧如旧，园林是本校的底色。苏州园林有其自身的品性，讲究细节、追求完美，无论从哪个点看去，都是一幅图画。而这一点体现在教育上，就是无论在哪个点上，教育都要做得完美如画。作为一所百年老校，学校还需体现时代性，不能停滞不前。学校走到今天，一贯推行素质教育，提倡"诗性教育"。"诗性教育"，是一种以"浸润"和"体验"为特征的教育，它让教育成为一种自然的流露和呈现，包括人性伦理、文化、审美三个教育内涵层面，并以"本真、唯美与超然"为基本特征。我坚信冷漠的校园不可能培养出充满爱心的学生，也培养不出富有创造力的学生；同时，我又坚信校园是教育的一部分，一草一木更是办学信念的体现。

文：对于"本真"的追求，似乎与叶圣陶写作的理念相一致。

柳：叶圣陶于1936年、1937年时在我校任教，主要教学生写作。他对写作提出很多的见解，我觉得最根本的有两点，一是要让孩子们"以手写我心"，表达真情实感，让孩子们写自己的感受。这是很朴素、很精到的一句话，不为功利写作，不似高考般按照统一的模式生硬模仿。二是语文老师要起"下水"作用，指让学生学会游泳，老师要自己先下水体验。这句话要求老师首先要体验学生的甘苦，才能切实地知道学生所需、率先示范、积极引导。如我校老师写的散文、随笔就出版于文汇出版社，这是从叶圣陶的教育思想以及百年老校底蕴的精髓中所得到的养料。

文：苏州十中的文化精神是什么？

柳：苏州十中前身振华女校自诞生之日起，便具备了一种浑然天成的文化精魂，其中包括爱国精神、尚德精神、自强精神、兼容精神和敬业精

秋日校园

神。一个人的成长，更多的是来自"精神"的影响，一个学校的成长，同样更多的是取决于"学校精神"的塑造。十中的精神文化，足以让一块顽石变成精致的作品，与人如是，与物如是。在生命的标志里，我们愿意在心里刻上振华的标志、十中的标志：这虽然可能是一种非生命的属性，但是这种属性却能够给我们带来生命的真正价值。人生短暂，我们不可能每样东西都获取，但若能在短短的生命旅程中，获取一种烙印，将是一种极大的成就。可以庆幸的是，十中的这五种精神就是这样一种精神的烙印，愿十中的烙印能够让我们大家的生命变得更有价值、更有意义。

（采访于 2014 年 10 月 10 日）

苏州第一中学
现代化教育应是农业式培养

苏州市第一中学创始于草桥之畔，发端于可园之中，办学历程如同一道逶迤厚实的城墙，屹立于苏州近现代教育史绵延的山峦上。苏州一中从溯源、创建、沿革到现在，跨越了三个世纪，可以用"书院二百年，新学一百年"来概括。特别是近一百年的不凡办学史，更是印证了苏州一中作为"苏城新学第一校"在苏州近现代教育史上所占据的重要篇章。清光绪三十三年（1907）苏州一中正式创办时，校名为苏州公立第一中学堂，首任校长为蔡俊镛。而苏州一中创办前的渊源，可追溯至清嘉庆十年（1805）的正谊书院。书院历届掌院人大多为名流鸿儒或在朝官吏，如吴颐、吴廷琛、冯桂芬等。

在百年办学历程中，苏州一中形成了特色鲜明的办学传统与校园文化。名师云集、名家辈出是苏州一中的显著特征，先后走出叶圣陶、顾颉刚、王伯祥、胡绳、陆文夫等文化名人和二十三位两院院士。早期执教者有金松岑、吕叔湘、匡亚明、胡石予、汪家玉、陈迦庵等著名学者硕儒。

苏州市第一中学校长　周祖华

有的"种子"开花，有的"种子"成树

文汇雅聚（以下简称文）：1957年，叶圣陶发表《种子观点》，批评那些把学生当作"瓶子""容器"，当作一无所知的"木头"的庸俗教学观，指出："受教育的人的确都跟种子一样，全部都是有生命的，能自己发育，自己成长的；给他们充分的合适的条件，他们就能成为有用之才。所谓办教育，最主要的就是给受教育者提供充分的合适条件。"您如何看待"种子观点"？

周祖华（以下简称周）：我对叶圣陶的"种子观点"感慨很深。每个学生都是一粒种子，我们能为他们提供怎样的条件，保证他们发芽开花苗壮成长？基于每个学生的基础、爱好都不一样的事实，我很赞同对学生进行特长发展。这就是我构思的"圣陶书院"培养形式，为学生提供个性特长发展的广阔舞台，这种培养方式特别重视社团和综合实践活动的作用。

社团是发挥学生自主管理的很好途径，因为中学时期能够管理好一个社团，将来有可能管理好一个公司；中学时期能够创立一个社团，将来有可能成功创业。在我校，学生每年都组织社团展示、汇报、招新，编印《草桥青年》《草桥作文》《干将》等杂志，组织"紫藤诗会""达人秀""班级文化展示与PK赛"等活动。在这些活动中，学生的特长得到发展，个性得到张扬，学校也因此形成了以羽毛球、游泳为代表的体育特色，以机器人、科技发明为代表的科技特色，以昆曲、吴地民俗为代表的吴文化教育特色。因为"种子"有的开花，有的成树，成为学校一道美丽的风景了。

文：在苏州一中的叶圣陶教育思想展馆，我们看到了许多叶圣陶的教育理念，有哪些是学校至今仍然坚持贯彻的？

周：叶圣陶是我校的首届学生，却未在一中教过书，但现在回过头来看，他的很多教育思想，与他当时在我校念书时所耳濡目染的教育是密切相关的，可谓一脉相承。学校坚持以叶圣陶"教育为人生"的德育思想，"教是为了达到不需要教"的教学思想，以及"教育工作者的全部工作就是为人师表""要终身学习"的教师发展思想为三大重点，深入学习，广泛实践。

我非常认同他"教育是农业"的观点，但如今正被现代工业流水线式的生产方式所取代，这是违背教育规律的，对于"偏才""怪才"的成长极为不利，对学生的和谐发展也是不利的。叶圣陶有一个独特的观点："难道学生进中学就是为了考大学？难道国家办中学就是为了给大学供应投考者？如果学生进中学就是为了考大学，极小一部分考进大学去了，绝大多数没考上的不都成了废品吗？"目前这个观点

紫藤挂云木，花蔓宜阳春。密叶隐歌鸟，香风流美人——苏州一中的千年紫藤

校园新貌

正谊明道

普遍不能被家长接受，主要是由于社会就业等问题聚焦到教育上，也正是这个原因导致目前应试教育倾向严重。

文：叶圣陶为何将"国文"改为"语文"？

周："语文"一词出现的历史并不长。1905年，清朝在废除科举制度以后，开始开办新学堂。当时的课程乃至教材都是从西方引进的，只有语文一科教授的仍是历代古文，称为"国文"课。叶圣陶身为一名语文老师，对语文教育自然有着独到的见解。虽然是私塾出身，学过古文，但考虑到普及教育的问题，他并不主张教授古文，自己也一直坚持白话文创作。这一点曾引起巨大的争议，甚至有人批评他是工具论。"国文"改为"语文"，是叶圣陶与亲家夏丏尊一同提出的，取"口头为语，书面为文"之意，并尝试编写新的语文教材，但因日本侵略中国而被迫终止。全国解放后，叶圣陶再次提出将"国语"和"国文"合二为一，改称"语文"。这一建议被华北人民政府教育机关采纳，随后推向全国，从此"语文"成了中小学的一门主课。

万人学校，苏州教育的航空母舰

文：苏州一中曾经是一所万人学校，被称为苏州教育的航空母舰，为何如今从集团化路线改为走精品化路线？

周：教育集团化是教育发展特殊阶段的产物，以龙头学校为引领，以"名校办民校"等途径，扩大优质教育资源的覆盖面，实现教育资源整合、教育品牌扩张。在十年前，我们本部高中有近八十个班级，草桥实验中学有近五十个班级，再加上民办新草桥中学、一中分校、国际预科学校等，是一个教师逾千、学生近万的教育集团。随着时代发展与教育现代化的发展要求，规模化的学校往往生均教育资源不够，不利于学生的个性发展，我相信精品化的办学会焕发出苏州一中更大的魅力。

文：如今国人对于"留学热"似乎比以前理智一些了。

周：我国的教育与国外教育各有优势，是否合适出国是因人而异的。一些综合素质高、自制能力强的学生适合出国，而自制力较弱的学生我便建议暂时不出国。出国留学对孩子来说是一件挑战性很大的事情，如果他们心智还未完全成熟，独自一人在异国他乡学习、生活，会遇到很多困难。尤其是国外的教育模式与国内不同，相当一部分时间需要学生自学和研修，一些课题还需要团队合作。毋庸置疑，目前的"留学热"也给我国的高等教育提出了改革的信号，我相信在不久的将来，我们越来越多的孩子不用走出国门就能够接受不亚于西方的高等教育。

文：苏州一中开通国际部的初衷为何？

周：2004年，我校开设了国际部，这是苏州市的第一个国际项目，到现在刚好走过了十周年。国际部最初对接的是英国的大学预科项目，把英国的一年大学预科搬到苏州。学校聘请的外教由美国《华盛顿邮报》下的KAPLAN教育集团协助把关、招聘，具有相关的课程资质，他们给学生的学分是受到国外大学认可的。五年前，我校又引进美国的课程及其大一的学分制度，如果学生选择我们所签协议内的大学，只要他在这一年内能拿到该大学的十八个学分，可直接到美国升大二。很多家长在孩子读初中时，就希望把孩子送往国外留学，所以从中考开始，我校就开设了与国际项目对接的直通班。此类型的班级，学校会在完成高中学业课程的基础上，有针对性地强化英语学习，设计与国外大学课程的衔接，使他们能够顺利过渡。

一个学生一张课表

文：到苏州一中已经七年，您觉得学校最大的特质是什么？

周：总的来说，是"文化育人"。苏州一中之所以有深厚的文化底蕴、优秀的教学质量，主要还在于学校文脉的传承。苏州一中人代代承继着"草桥"办学风范，也保留着吴地区域文化的遗风雅韵。在校园里，至今遗存着"苏州府中学堂总教习王鹤琴纪念碑""公立苏州第一中学堂建校二十周纪念塔"及"千年紫藤""清元和县县衙旧址"等文物，建立了"校史馆""院士墙""叶圣陶塑像""叶圣陶教育思想展馆""紫藤艺术教育中心"等充满文化积淀的场所。这些碑、塔、馆、址、像、墙无不散发着浓郁的教育魅力。

文：学校正在翻新改建，课程是否也有"改造"？

周：我校上世纪70年代建造的教学楼已比较老旧，不符合抗震要求，便决定拆掉重建。我们希望学校能恢复到办学初期的民国建筑

千年紫藤

42

风格，改造成更有江南特色、更能体现我校百年文化底蕴的文化校园。也想通过这次改造，让学校的硬件设施达到目前的先进水平，包括智慧校园、未来教室等基础设施的建设和配备。除了教学区、办公区，我们还规划了吴文化活动中心、科技和实验中心、叶圣陶研究中心等，为学生兴趣爱好的培养提供平台，也为将来的"走班教学"打好基础。所谓"走班教学"，是根据学生的爱好、能力、层次设置相应的教学内容和目标，学生根据自己的需要"走班"、因人而教、因材施教。这将给学校的教育管理工作带来很大的挑战，比如从前一个班一张课表，今后会变成一个学生一张课表。

文：作为一名教育者，培养出什么样的学生最让您觉得自豪？

周：我校校训"正谊明道"，"谊"即"义"，是化用董仲舒"正其谊不谋其利，明其道不计其功"的句子，表达出看淡功利、重视道义的品质。我希望每一个学生在具备这样的德行后，少一些共性，多一些个性，不轻易丢弃自己的兴趣与特长。举一个例子：在我校吴文化研究中，"百年昆曲走进百年一中"成为学校的吴文化教育特色项目。学生通过昆曲、桃花坞木刻、苏州民俗、吴地建筑、评弹等主题教育活动，促进了吴文化与现代文化的有机结合。近期学生"高中生领导力"项目提出保护传承苏州话的课题成果入选商务印书馆《行动的力量——90后高中生的领导力》案例。虽然这些活动会花费学生一些精力，但可以开发学生的领导力，培养学生的创新力，增强他们的社会责任感，焕发师生的进取精神。我常开玩笑，大学招生最好有一半以上是特长生，这样我们的国民无论是工作也好、生活也好，才会更有乐趣，更有幸福感。

（采访于 2014 年 10 月 16 日）

苏州市草桥实验小学校
以人育人，打造精致学堂

"草桥畔，百年校，传礼仪，崇德化……和平义、文明礼，思圣陶，学颉刚……做真人。"从繁华的干将路折进幽静的公园路，刚拐入幽深的草桥弄，围墙内孩子们的朗朗读书声就已迫不及待地扑面而来。这篇《草桥三字经》和学校西首老校门上镌刻着的"1906"字样，向来往行人昭示了苏州市草桥实验小学校的深厚历史积淀。

1905 年，在国事蜩螗之际，如梦方醒的清政府终于下定决心废除科举。清政府内部一些远见之士也纷纷迈出开办新式教育的步伐。当时北方有严修在直隶省创办劝学所，南方则有王同愈创立学务公所。光绪三十二年（1906），在苏州地方士绅、教育家蒋炳章的帮助下，王同愈创办长元吴公立高等小学堂（长元吴，即彼时苏州府所辖长洲、元和、吴县三县）。办学伊始，叶圣陶、顾颉刚、颜文樑、吴湖帆等后来的名家即慕名入学，成为首批学生。在随后的一百多年间，学校虽然多次易名，王同愈先生所提倡的办学理念却百年常青，学校又培养出顾廷龙、郑逸梅、费之雄、顾健人、范小青、陈艳青等名人。

苏州市草桥实验小学校长　杨瑛

"踢足球"的小学

文汇雅聚（以下简称文）：据说草桥小学的足球是一大特色。

杨瑛（以下简称杨）：是的。我们学校有体育传统，尤以足球为主要特色。自上世纪70年代以来，我们学校的足球就远近闻名，本地人对草桥小学最直观的认知就是，我们是一所踢足球的学校。这个特色我们也一直传承了下来。

文：学校当初是因为什么机缘而成为远近闻名的"足球学校"的呢？

杨：上世纪70年代，草桥小学的足球队慢慢踢出了成绩，渐渐积累起名气，到现在已经成为我们的特色了。在全苏州市范围内的足球比赛中，我校一直名列前茅。而我们学校的足球教练是足球国家一级教练，他本人也是从本校毕业的"草桥人"。从体校毕业后，他又回到母校教足球，传承着母校的足球传统。

文：那学校是如何坚持足球传统的呢？

杨：我们学校是国家级体育传统项目学校。当年申报国家级体育传统项目学校时，就因为我校有足球项目，所以就把这个传统传承了下来。现在除了体育课外，我们每个班级每周都有安排一节专门的足球课，讲授足球知识。此外，每天下午三点半至五点，还安排了足球训练。我们的课间操也有自己编的足球啦啦操，而且课间操基本每天不一样，还有广播操、武术操等，有些是教育局统一规定的，还有些就是学校的老师自己编的。如果有文艺汇演，我们的孩子们手里还会拿着足球来跳足球啦啦操。除此之外，有的双休日我们还会将足球场对外开放，接受附近一些足球团队的预约。正是这样的一系列措施，使得校园内的足球氛围变得分外浓厚。

采石榴

名人雕塑群

在原址上用心打造小而精致的学堂

文：一般人似乎很难联想到，这样一所足球特色的学校竟是一所拥有一百多年历史的老校。

杨：或许吧（笑）。一百多年前，王同愈先生在苏州本地是非常有威望的。1906 年，在他创办学校的第一年，叶圣陶、顾颉刚、颜文樑、吴湖帆等人就冲着他的声望报名入学。他们毕业之后，随即又到草桥中学（现苏州市第一中学）学习。2006 年，我校和东大街小学、叶圣陶实验小学、大儒中心小学、善耕实验小学五所学校联合举办了百年校庆。因为在一百年前的民国初期（1912），苏州建制进行了调整，原来的长洲、元和、吴县等合并为吴县，我们是统一冠以"吴县县立"之名的五所"高等小学校"，比如我校，当时就改名为"吴县县立第四高等小学校"。

文：王同愈创办学校时提出的一些教育理念，百年之后的我们是怎样传承和发展的？

杨：王同愈在创办学校时，提出了"宣礼、尚德、发悟、肃志"的八字校训，这个校训一直沿用至今。不过这个校训与现在很多新学校的校训相比，比较深奥些。我上任之初就想着该如何让这个校训深入人心。宣礼即宣扬礼仪，尚德即崇尚道德，发悟即启发智慧，肃志即坚定志向，所以我们学校现在的四幢教学楼就分别取名为宣礼楼、尚德楼、发悟楼、肃志楼，校训上墙使校园中弥漫着浓郁的文化氛围。孩子们也在耳濡目染中体悟到校训的意味。另外，王同愈提出八字校训之后，又将其丰富为"勤信忠、智仁勇、真善美、庄敬诚、和平义、文明礼"十八个字，并以这十八个字为学校的十八个班命名，比如一年级一班，也叫"勤"班，其他的以此类推。这十八个字也逐渐渗透到学生做人、学习等校园生活的方方面面。

范小青回母校授书

顾健人回母校参观

文：不少百年老校都由于各种原因搬迁过，而草桥小学不但一直没有动迁，就连学校的规模都没有变化，这其中有历任校长的着意坚持吗？

杨：其实有一个时期苏州老城区不少学校都往新城区搬迁，而当时又提倡创建现代化教育学校，我们也考虑过搬迁或者扩办，但综合考虑多方因素之后，还是决定保持现状，延续三轨制、十八个班的传统，将十八个班名的传统延续下去。当然了，我们客观上也受地域环境的限制，很难在原址上扩充，毕竟环顾学校四周，南面与苏州公园相望，周边又多是机关单位，而背面则又与市区的东西主干道——干将路仅仅隔了一排门面房。但我们毕竟有着百年的文化底蕴，所以就在现有规模的基础上用心打造小而精致的学堂。

回过头来想想，无论是八字校训，还是十八个班的班名，王同愈提出的这些理念其实跟我们当今的教育理念是高度吻合的，再联系到叶圣陶先生提出的"教是为了达到不需要教"，我就深刻体会到这些教育家之所以伟大，就在于他们抓住了教育的本质，所以其教育理念往往是历久弥新的。

以人的人生教育人

文：学校的名人馆都有哪些名人"入驻"？

杨：我担任校长之后，首先继续保持本校的足球特色，并且开始重视发掘学校的名人资源，趁着名人馆的落成，着力挖掘了很多校史及名人的资料，然后组织孩子们参观叶圣陶、顾颉刚等本校名人故居，以及颜文樑美术馆等，让学生了解从我校走出的这些名人。现在，名人馆的二楼展示了王同愈、叶圣陶、顾颉刚、颜文樑、顾廷龙、吴湖帆、郑逸梅、顾健人、费之雄、范小青等文化名人，还有陈艳青、唐军芳等体育名人，此外还有钢琴家李健。

这些名人在我校读书期间都有着优异的表现，顾廷龙按辈分算是顾颉刚的叔叔，但是年龄却比顾颉刚小，所以是晚了几年才入学的。钢琴家李健的母亲原来是我校教师，他也是在我校读的小学，当时他对弹钢琴感兴趣，但学校的钢琴是上了锁的，他就悄悄撬开了自学。1960年，他从本校毕业后，考入了上海音乐学院，可以说，他的音乐成长之路就是在我们学校念书期间奠定的，而他当年撬过的钢琴现在就陈列在名人馆内。

文：在百年老校做校长，必然要面临传承和发展的命题，就这一点而言，您是如何做的？

杨：名人馆的三楼是一个小阁楼，我们在其中设置了名人课程体

绿茵风采

系，准备以学校历史中的这些名人为榜样，提出"以人育人，用名人文化打造精致学堂"的办学理念，利用本校百年历史的资源来打造名人文化，以人的生活、人的人生轨迹来教育人，因为榜样的力量是巨大的。同时，我们针对校园环境作了一番打理：重修名人馆，打造名人雕塑，并且用心保存了叶圣陶留下的"未厌碑"和王同愈创办本校时留下的"乐群"校徽——学校当时也叫乐群小学。此外，我们还恢复了十八个字的班名，这十八个字是草桥人对教育的感悟，恢复这些班名，就是对我校教育文化的传承。

学校的名人课程体系十分丰富，有"金话筒"获奖者沈竹音的"竹音课堂"，她在上世纪 60 年代就读于我校。前些年她来到母校看望，我们借此专门设立"竹音课堂"，由她来教孩子们朗诵。2010 年底，作家范小青来母校，赠送了很多书籍，我们据此建成"小青书屋"，作为师生阅读放松的场所。我们还成立了"小草诗社"，每周二中午，诗社的学生在这里上课，相当于社团活动。2014 年清明节时，学校邀请沈竹音来举行诗会，朗读、品评我们的老师、学生创作的诗歌。这次活动分两个场景，一是在本校的校园中，二是前往甪直祭扫叶圣陶墓。

文：作为苏州市中小学语文学科带头人，又是叶圣陶母校的校长，您如何看待语文教育？

杨：我原本在沧浪实验小学教语文，2009 年 8 月来到草桥小学任职。因为与叶圣陶有渊源之故，我们和叶圣陶实验小学、苏州市第一中学交流比较频繁，我也是一中叶圣陶研究会的成员，曾带领我们学校的老师去一中参观，深刻体会到叶老对语文教育的领悟真的很超前，而且"语文"一词也是他提出的。我刚上任时，就在名人馆专门设置了一个叶老的版面，他对我们教育观的影响很大。我为此提炼了他的三句教育名言，作为我们教育——不仅仅是语文教育——的恒定目标：一是"教是为了达到不需要教"，这也是苏州教育界一直在倡导的教育理念，我们还设置了一个引导学生自学的课题，这个课题不仅仅是针对语文教育，而是面对所有课程而言；二是针对学生的学训："教育的目的就是为了养成良好习惯。"最后则是针对老师提出"教育就是为人师表"，希望我们的老师都能以此作为教书育人的准则。

文:有一种说法认为,校长的个人气质是能够影响一所学校的。您怎么看?

杨:一开始朋友们都开玩笑说,我的个人气质跟这所百年老校不太吻合。认为我是一个比较时尚的人。但来到这所学校之后,面对这么丰富的校史资料,我一开始真觉得手足无措,但一头扎进去,也就慢慢沉静下来,融入校园文化当中,和学校一起成长,收获很多。这几年看到学校在社会上的知名度越来越高,自己也感觉到很有价值。至于个人对于学校的影响,我觉得只要能给这所百年老校带来哪怕是一点点的进步,都是值得我去做的。

(采访于 2014 年 10 月 22 日)

苏州叶圣陶实验小学
叶老始于斯终于斯的地方

在苏州古城东南不远处，是号称"神州水乡第一镇"的甪直古镇。这样一座《多收了三五斗》以之为背景的古镇，一座被作者叶圣陶亲切地称为"第二故乡"的古镇，不仅为叶老的创作提供了源源不断的灵感，也为他大胆的教育改革预备了一所当时农村中少有的新式学校。

1905年，甪直富户出身的沈柏寒因故从日本早稻田大学教育系肄业归乡。身为同盟会会员的他，深受新式教育的影响，便将祖父重建的甫里书院进行了改造，创办了新式学堂甫里小学，仍请原甫里书院的山长方还（字惟一）担任首任校长。辛亥革命后，苏州建制调整，学校易名为吴县县立第五高等小学。

1917年春，经由沈柏寒推荐，吴宾若出任本校校长。随后，他聘请同学叶圣陶、王伯祥等人来校任教。叶圣陶任教的五年间，本校进行了一系列大胆的教育改革。抗战前夕，学校共有校舍三所，学生七百余人，教师四十多人，成为当时吴县境内规模最大的一所完全小学。新中国成立后，学校一度改名为吴县甪直中心小学，至2002年，正式更名为叶圣陶实验小学。

苏州叶圣陶实验小学校长　邹文珍

百年前的教育改革先驱

文汇雅聚（以下简称文）：百年前学校的前身为甫里书院，当时是怎样的一种光景呢？

邹文珍（以下简称邹）：甫里书院的历史比较悠久了，最早可以追溯到元代，至顺年间，总管钱光弼就陆龟蒙故居，奏建书院于甫里（甪直旧称）。陆龟蒙是唐代著名文学家，自号甫里先生。清咸丰年间，书院毁于大火，光绪十五年（1889），沈柏寒先生的祖父沈宽夫捐资重建甫里书院，并聘请昆山名士方还任教。随后，因清廷废除科举，沈宽夫次子沈濬源就将书院改为甫里公学。当时乡人还在公学的校舍内开辟先贤祠，并挂有沈宽夫像，还请王同愈先生作记，以纪念沈宽夫兴学的功绩。

1905 年，从日本回国的沈柏寒与当时在甫里公学任职的方还、朱文钟等人商议过后，正式改办为新式学堂。新学堂的首任校长仍由方还担任，不过一年后方还就辞职还乡了，沈柏寒便亲自担任校长。

文：那这样看来，在叶圣陶先生来之前，其实学校的教育改革基调就已经由这些先贤奠定下来了。

邹：是的。沈柏寒在日本留学时学的就是教育，还加入了同盟会，受新式教育的影响很大，虽然由于家庭变故，不得已从日本肄业回乡，但他兴办新学的愿望还是很强烈的。再比如朱文钟先生，我校在 1905 年创办之初——当时也是甪直第一所新式学校——学校的校务就由他主持，随后的三十年间，校长换了好几茬，学校规模不断扩大，唯一不变的就是他在执教岗位上的兢兢业业。

从甪直开始真正的教育生涯

文：众所周知，叶圣陶先生曾自称其真正的教育生涯是从甪直开

校园美景

始的。当年他在这里一定过得很开心吧？

邹：是的。到甪直教书之前，叶圣陶已经在言子庙小学、尚公小学教过书。据他的日记显示，他在言子庙小学教得并不开心，又受到同事的排挤，深感自己的抱负无由实现。1917 年，吴宾若先生担任我校校长后，随即就聘请了叶圣陶、王伯祥等同学。这年 2 月，叶圣陶先生踏上了甪直的土地，来到我们学校——当时的吴县县立第五高等小学。到我校之后，得益于这些前辈、同学营造的良好环境，得以施展拳脚。上任之初，他们就议定了详尽的教育改革计划，这些教改的实施是有系统的，可以称得上是对旧教育制度的颠覆性革新。

文：那他们具体实施了哪些具有颠覆性的措施呢？

邹：叶圣陶和沈柏寒、朱文钟、吴宾若、王伯祥等人经常会探讨教育问题。他们勇于创新，自编国文课本，注重培养学生自读、质疑、解难的能力，致力于革除私塾教学的陈腐呆板之法，代之以诱导启发的全新教学方法。叶圣陶认为"教育事业的目标在辅导下一辈人的发育生长"。基于这些理念，他们在校创办了"生生农场"、利群书店、

在生生农场里种萝卜

博览室、礼堂、戏台、音乐室，每周开一次音乐会。此外，他还把都德的《最后一课》、莫泊桑的《两渔夫》等课文改编成话剧，又把《荆轲刺秦王》改编成戏剧，师生同台演出。1918 年，叶圣陶的夫人胡墨林女士也来到本校任教，在女子楼对女生开设"女红"课，教她们剪裁、结打、缝制等操作。既突出语、数、外三门基本工具课的地位，又体现了基础教育综合性、应用性的特征。

文："生生农场"听起来很有意思，是不是有点类似于现在的兴趣活动？

邹：差不多就是兴趣活动。他们在一个乱坟堆里整理出一片农场，不过受到当地人的反对，认为有辱先人，而且也不吉利。好在身为校长的吴宾若很支持他的做法，师生们得以一起种植瓜豆蔬菜，进行劳动实践。而且他们每学期还会举办两次恳亲会——相当于现在的家长会，把学生在校的情况反映给家长，并且把学校的要求跟家长沟通好，这样也能取得家长的理解和支持。叶圣陶多才多艺，他那时就已经爱好篆刻了，为此开设了篆刻课。据他当年的学生皇甫埠回忆，各班的

篆刻课均由他担任，教学生刻图章印记，刻竹板压书，刻诗文互赠。就算用现在的标准来看，这些活动仍然是非常有新意的。

文：在教书生涯正式起步的同时，叶老的创作似乎也开花了。

邹：叶圣陶和夫人当时一起在角直教书，两人经常沿着乡间小路、河岸往返于学校和寓所。在这样其乐融融的生活中，角直的乡土风貌为他的文学创作提供了源源不断的素材和灵感。在角直工作、生活的近五年间，他一直笔耕不辍，先后发表了二十多篇散文、小说，其中包括他的第一篇白话小说《春宴琐谭》。即便是在离开角直多年以后，叶圣陶对角直的感念依然呈现在他的名篇《多收了三五斗》《倪焕之》等作品中。另外，五四运动爆发之时，叶圣陶曾组织师生罢课罢教，

现代化校园

上街游行，还发表了《甪直高小国民小学宣言》，在教育界产生了不小的影响。

教育就是成就人生的目的和功能

文：据说，上世纪 70 年代，叶圣陶曾返回本校看望过？

邹：1977 年，叶老重返甪直，回本校看望。他跟学校的师生合影留念，题写校名，还留下了一段题词："五十五年以前，我在这里当过几年教师，今年五月十六日再到这里来，感觉特别亲切。祝愿全体同学认真学习，三育并进。祝愿全体老师以身作则，善教善导，促进同学们的全面发展。"叶圣陶逝世后，后人遵照他的遗愿，将他的全

沈柏寒

青年叶圣陶

吴县第五高等小学全体教师合影（左二为叶圣陶）

部骨灰安葬在甪直保圣寺——他在此任教时的我校旧址。可以说，他之为教育的一生，正是始于我校、终于我校的。

文：将近百年过去了，学校在传承和发展叶圣陶的教育思想方面是怎么做的？

邹：我们对叶圣陶教育思想的研究开始得比较早，上世纪90年代全国叶圣陶研究会成立后举办的第一届年会就在我校召开。叶圣陶早年在我校实施的一些教育活动，其实跟我们现在的做并没有本质的区别。我一直认为，学生的分数不是最需要看重的，而是要让孩子学会做人，养成良好的习惯。叶圣陶曾经说过："教育是什么？往简单方面说，就是要养成良好的习惯。"至于办学目标，我们也一直遵循叶老的理念：教育就是成就人生的目的和功能。他站在人的高度阐明教育的目的，认为办学校为的是学生，做教育的意义和目的是做人、做社会够格的成员、做国家够格的公民。与此同时，我们还围绕叶圣陶教育思想，对课堂教育开展课题研究，形成了一个系列："九五"的时候我们提出"两善三育"，"两善"即善教善导，"三育"即德智体。"十五"时期，旨在指导学生自学，"十一五"则是以促进学生创新能力为主。虽然各个时期都有不同的主题，但都是围绕叶圣陶先生的教育思想来开展的。

文：叶圣陶当年开办的那些活泼生动的兴趣活动，学校现在还有所继承吗？

邹：我们在引导学生养成良好习惯之余，也开展了丰富多彩的兴趣活动，为学生提供动手实践的机会。我们校级的兴趣小组已有二十多个，目的就是促进学生身心的全面健康发展。叶圣陶强调顺应孩子们的天性，所以我们在这方面是很重视的。只要学生有这方面的兴趣、愿望，只要对孩子发展有利，我们就尽可能地提供平台。比如，叶老当年在我校搞"生生农场"，我们就在校园一角辟了一块地，作为"生生农学院"基地，让"农学院"学生负责劳作，种植西瓜、小麦、向日葵等，从中认识植物的生长规律，体验劳作的乐趣。此外，我们还开展了"吴韵飞扬小导游"活动，让学生在周末自主走上街头，免费向游客介绍家乡的美景，这是学生和社会接触的过程，也是让学生学会与人交流的手段。

邹文珍："每一个学生对于学校来说，或许只是千分之一，但对于他们各自的家庭来说，则是百分之百了。"

文：您理想的教育状态是怎样的？

邹：每一个学生对于学校来说，或许只是千分之一，但对于他们各自的家庭来说，则是百分之百了。因此，我在 2008 年担任校长之初，就非常注重每一个学生的身心发展，只要孩子能在原有的基础之上有所进步，就是很大的成功。正如叶圣陶先生所说："绝不将投到学校里来的儿童认作讨厌的小家伙，惹人心烦的小魔王；无论聪明的、愚蠢的、干净的、肮脏的，我都称他们为'小朋友'。"我理想的教育状态是，学生应该是快乐的，每天开开心心走进学校，向往校园生活，而不是一想到学校就是写作业、考试。人的一生不仅仅是看考试分数，更重要的是学做人，做社会够格的公民。叶圣陶先生就一直强调真善美，我们的教学楼取名为"至真楼""至善楼""至美楼""至诚楼"，就是希望学生更看重个人品行的发展。同时，也希望我们的老师能"像叶圣陶那样做老师"，就像叶老所说的："小朋友的成长和进步是我的欢快，小朋友的羸弱和拙钝是我的忧虑。有了欢快，我将永远保持它；有了忧虑，我将设法消除它。"

（采访于 2014 年 11 月 3 日）

苏州市平江实验学校
基础教育应是一个底部宽阔的碗

　　苏州市平江实验学校发端于县学，浸润于吴地，百年文脉，精致朴实。学校穿越丝丝江南烟雨，经历无数洗礼，透射出睿智坚韧；跨越漫漫修远之路，注重教育改良，和而不同，兼容开放。学校文化底蕴深厚，校内有静谧神圣的五百年古殿，十八棵百年银杏古树，三块印刻历史足迹的石碑，处处透着古朴、庄重、大气。大成殿横匾上"德润文光"四字，是校训，是平江实验学校办学渊源之见证，是一代又一代平江人美好而温馨的文化记忆。平江人根据学校的历史与现状，遵循学校文化建设的原则，注重培育和践行以"德润文光"为理念的核心价值文化：立德树人，德才并美，德艺双馨。

　　学校坐落在美丽通畅的干将东路北侧，占地四万多平方米，现有校舍面积两万五千平方米，十五幢教育教学大楼。艺体大楼、科技信息教育大楼、体育馆、图书楼等现代化教育设施齐全。整个校园古木参天、绿树成荫，花廊、假山、池塘点缀其间，错落有致，学习环境宜人，是一座花园式学校。这个令所有平江人为之自豪的幸福家园、精神家园，是江苏省实验小学、江苏省文明单位、苏州市教育基本现代化学校、苏州市信息化示范学校、苏州市双语学校、苏州市绿色学校……可以说奏响了特色文化建设的最强音。

苏州市平江实验学校校长　潘娜

德润文光，追求大成

文汇雅聚（以下简称文）：学校历经沧桑，沐浴风雨，有着悠久的历史，何时定名为苏州平江实验学校？

潘娜（以下简称潘）：学校历史可追溯到南宋咸淳元年（1265）设立的长洲县学，至今正好七百五十年。明代嘉靖二十年（1541），长洲县学迁至今平江实验学校所在地，并修建学舍、考棚，其规模仅次于苏州府学。清雍正年间，县学更名为长洲元和县学。1905 年，江苏巡抚陆元鼎请来了地方名士章钰，将县学西半部改办为"官立初等小学堂第五校"，第二年再将县学东半部改办为"官立初等小学堂第十三校"，以传承原来的县学。直至建国前夕，学校名称时有更迭，然而教育之溪流却始终在这片土地上绵延不绝。1958 年，学校定名为苏州市平江区实验小学。1998 年，平江实验小学与苏州市第十一中学合并，成立了苏州第一所公办九年一贯制实验学校，定名为苏州平江实验学校。至此，数百年教育历史在这里交会，百年来人才辈出，从这里走出去的状元有陆元文、韩菼、彭定求、陆肯堂、钱棨、吴廷琛、陆润庠等。中国著名哲学家、近代史专家胡绳儿时曾在我校就学。学校在百年中形成了一种适应历史发展的自强不息的基因，一种吸纳新思想、新文化的基因。

文：作为苏州市姑苏区的一所窗口学校，选择"德润文光"作为校训是何原因？

潘：学校古建筑大成殿建于 1541 年，是儒家文化薪火相传之地。校训"德润文光"源于儒学学说，是学校文化建设的核心理念。"德"本义是"道德"或"品行"；"润"本义是滋润万物，修饰，使有光彩；"文"有"文章、文德、文教"之意；"光"是"润"的结果，

大成殿

作"光大"解读。"德润"出自孔子《中庸》，原文是："富润屋，德润身。""文光"本义为"绚烂的文采"，出自《折桂令·李翰林》曲："五花马三春帝乡，千金裘万丈文光。"所以，"德润文光"译为：用道德润泽人性，用道德润泽文化进步。以德润身，以文化人，两者一脉相承，化知识于点滴之间，润育人于无形之中。"德润文光"像一块渗透情感、润物无声的丰碑，百年静默，却净化着每个平江人的心灵，要求每个师生用高尚的道德情操来修炼自己，做一个道德高尚、行为端庄、风度儒雅的对社会有责任的人。

文：如何巧妙地将"德润文光"的校训物化于环境建设之中的呢？

潘：苏霍姆林斯基说过："教育应当使每一堵墙都说话。"我校坐落于历史悠久的平江路畔，粉墙黛瓦与老街建筑浑然一体，校园生态与大成古殿相得益彰，整个校园飘溢着智巧、素雅、灵动的苏式文化元素。学校根植于"天人合一"的沃土之中，物、景、人三位一体，怡情启智。校园内十八棵亭亭如盖的古老银杏，青翠挺拔的香樟树，承载了刚健有为、自强不息、海纳百川、尊师重教、宽容坚韧、厚德载物等中华民族优良的传统美德。平江人挖掘内涵，以"银杏精神""香樟品质"架构师生精神坐标，发挥着"润物细无声"的育人作用。学校就是这样慢慢地将"德润文光"的校训物化于环境建设之中，为学生对话开辟宽阔通道，赋予校园生活丰富的生命力，打造具有平江特色的环境文化。

文化引领是管理的最高境界

文：在苏州这个特定的教育环境下，您认为平江实验学校的特色是什么？

潘："文化"是我们学校最大的特色。文化最有力度，最有说服力，也最经得起时间的论证。学校在固传统文化之本的基础上，创新发展，用中华优秀传统文化熏陶感化师生，形成师生崇高的理想、高尚的品质、儒雅的气质、独特的风格和卓越的个性，实现"以文化创特色，以质量树品牌"的新跨越，让"德润文光"核心价值观成为全面育人的辐射源、素质教育的能量库、润物无声的教科书。我认为人为管理的制度还处于初级阶段，最高境界还是文化引领。"德润于心，追求大成"，在这座幸福校园和精神家园里，每一朵生命之花都应绽放出各自独特的美。

文：如何把名人与校园环境联系起来，让名人产生效应?

潘：在学校师生的眼里，一砖一石均有意，一草一木皆含情。学校精选校史记载中的杰出名人，在校园内打造十大名人塑像、足迹景点，让师生在无声的环境中受到影响。这样怀想空间的创设，既是对学校文化的自然传承，亦是对师生怀旧情感的慰藉。马克思说过："人创造环境，同样，环境也创造人。"如今，学校的师生可以充分浸润于优雅的校园环境，感受校园环境博大的胸襟，体验校园文化带来的无穷魅力。

文：学校自 2011 年起着力构建"对话"校本研修模式，为何选择"对话"模式?

潘：课堂是师生共同体验、共同成长的场所，也是学校文化独特的呈现地与创生地。"德润文光"的课堂教学强调学科、人、环境的整体和谐之美。师生是课堂的主体，也是优效课堂的构成者、享受者。我校的"对话"校本研修模式，由研究团队从学术水平、技能水平、年龄差异三个维度进行构建，同时聘请专家担任导师，行政发挥协调引领作用。团队倡导交流合作，追求平等对话。对话理念——与时俱进、对话师生——民主平等、对话课堂——自主探索、对话成效——彰显特色，以充满情感、展示个性、平等对话的课程设置和课堂理念，使师生文化交融共生，整体融通，从而培养德智兼备的人才。

慢下心来，静待花开

文：您何时于平江实验学校任职的?

潘：2011 年 8 月 18 日我来到学校，经历了学校的新旧融合，在平江实小这四年我从未停止过努力，学校有了变化，我个人也很有收获，对教育事业还充满着期待。我从工作开始就分配在苏州敬文小学，从普通老师做到校长一共二十年。她也是我的母校，如果算上小学的话，有二十六年都在其间。1990 年我曾在平江实小实习过一个月，当时学校门口的小石子路十分狭窄，踩自行车异常颠簸。如今，干将路成了主干道，2011 年又通了轻轨，这给办学带来了便捷，也使学校处于古城核心位置。随着平江路的名声大噪和区域经济发展的要求，学

校园生态与大成古殿相得益彰，整个校园飘溢着智巧、素雅、灵动的苏式文化元素

校曾一度面临搬迁的问题。感谢前几任校长的一再坚守，捍卫了教育的地位和学校的声誉，也为之后的学子做出了很多贡献。

文：您是苏州市劳动模范，又是苏州市名校长、"潘娜名师团队"创办人，作为教育界的领军人物，您怎样看待现在流行的一句话"让孩子抢跑在起跑线上"？

潘："抢跑"是有代价的，填鸭式的教育貌似很成功，但缺少了可持续发展的后劲，没有了耐力，对于孩子今后的发展很不利，会使孩子恐惧学习。在起跑线上抢跑，就算你跑得再快，成绩也是零。现在一些大学毕业生说我总算可以不读书了，但学习是伴随终身的，不是走出校门就停滞了。另一种极端案例是，由于学习压力太大酿成惨剧，这其实是一种教育的失败，教育偏离了孩子发展的规律和天性，抹杀了学习的快乐，这简直就是犯罪。基础教育是普及性的，对于某方面有天赋的孩子，学校应进一步量身定制，使其个性得到发展。

文：对于小学阶段来说，您认为中国教育当下最大的缺点是什么？

潘：过于着急。小学是一个初始阶段、积累阶段、蓄势阶段，如果要求太高、过于急功近利反而会遏制学生，挫伤孩子的自信心以及对学习的激情和渴望，这是非常残忍的。我们应该给孩子足够的时间和空间，让孩子慢慢来，"静待花开"。孩子身上出现小的瑕疵，要相信他们会改变。静下心来，放慢脚步，不要太束缚孩子的发展。人的发展是有规律的，也有年龄的阶段，九年义务教育还是应该给孩子良好的学习氛围、学习习惯，激发他们对学习的渴望和热情，给他们足够的时间去探索和研究，让他们在学习中体会到快乐和成功。我们的基础教育不应像一口井，钻得深却只有一个点，而应是一个底部宽阔的碗，让孩子们充分品尝到各方面的"味道"，从而产生广泛的兴趣、爱好，并进一步探究，使其全面发展。

（采访于 2015 年 5 月 12 日）

苏州市平直实验小学
教育如春雨，润物细无声

据《吴越春秋》记载，公元前514年，伍子胥建苏州城时，采用的是外城套内城的格局。内城也称"吴子城"，千百年来，始终集姑苏政治、经济、文化之鼎盛繁荣于一身。吴子城正门前有一条街巷，北端原有桥，与街相平，故称"平桥直街"。

平桥直街位于今十梓街西端南侧，北起十梓街，南至乌鹊桥。清宣统二年（1909），礼部主事孔昭晋在此建立学塾，名为简易模范识字学塾第三塾。学塾甫创，有学生三四十人。民国元年，改名为吴县县立第四初等小学校，后又几易其名，直至如今的"苏州市平直实验小学"。

百年来，一批批学子来了又走，一张张面孔由稚嫩到老熟；唯一不变的是，在老街的这头，一直有一所老校在岁月的长流中默默地迎来送往。以至于在本地人眼中，它的存在是那样的理所当然，就像是人们寻常生活中的标准配置一般——诚如现任校长徐玉英所言："百年老校的特殊意义，正在于它承载了很多人的童年记忆，最终成为一段有益的历史和几代人难以割舍的念想。"

苏州市平直实验小学校长　徐玉英

老街祠堂里小学塾

文汇雅聚（以下简称文）：当年学校刚成立时，是怎样一种景况？

徐玉英（以下简称徐）：1909 年孔昭晋先生创办学校时，校址选在一所旧祠堂——韦白二公祠内。据上世纪 50 年代初在学校念书的老校友回忆，当时学生上课的部分桌凳就是用旧祠堂内的木料做成的。顾名思义，韦白二公祠祭祀的就是曾在苏州做过官的韦应物、白居易两位大诗人。

文：平桥直街是姑苏城内一条很有年头的老街了，据说曾有不少古迹遗址，这对学校教育底蕴的形成产生了哪些影响？

徐：影响是各方面的。首先，我校"平直"之名就是由老街而来。其次，老街上曾有不少寺庙和祭祀先贤的祠庙，除了韦白二公祠外，还有洛伽禅院，以及昭忠祠、总孝子祠和节孝贞烈祠，可谓"忠孝一条街"了。此外，已故书法家蒋吟秋先生曾住在这里，晚年自号"平直居士"，老街南面的乌鹊桥上就有他的题额。这些文化遗迹虽然大多已不复存在，但已成为我们教育文化形成过程中的有益补充。

一百多年前，新成立的那座小学塾对于老街来说，就像是老瓶装新酒；然而一百年后的如今，老瓶内已发出绵绵醇香了。

文：所以，学校的地址一直没有变过？

徐：是的。历史上虽然有过合并和扩建，但一直扎根在这里。或许是因为旧址是韦白二公祠，学校从一开始就秉承了白氏遗风——"平易、尚实、淡薄"；又或许是学校的创办人是孔昭晋，学校一如既往地继承了他求学时求真务实的风骨。孔老先生一生热爱教育，行事为人心平气和、气度高远，先贤们的真知灼见、治学之道为今日学校"心平志直"的百年遗风奠定了良好的精神基础。

精巧的校园环境

在学生心中种下一株玉兰

文：学校的校训"心平志直"，有着怎样的内涵？

徐：对我们来说，祠堂是开埠圣地，先贤们的真知灼见、治学之道就是"心平志直"遗风的精神皈依。"心平"，即"此心平静如流水，放眼高空看过云"，希望每一位师生在求知的过程中，都当追求朴素的情怀，拥有平和的心境，胜不骄败不馁，求真求实；"志直"，即"居身不使白玉玷，洁志直与青云齐"，则希望每一位师生都能明白成人立身的道理。

文：在继承和发展百年校风上，学校是如何做的呢？

徐：百年老校既有继承传统的责任，也需要与时俱进。所以在传统的传承上，我们一直拒绝生搬硬套，在一切都有根可循的基础上，推陈出新，创设了"三礼四节"的德育活动。所谓"三礼"，即以"儒、孝、廉"文化为依托，将一年级的入学礼、三年级的成长礼、六年级的毕业礼，贯穿整个小学阶段的生活和学习中，每一位学生经过"三礼"的洗礼，养成乐学、成长、感恩的品质。所谓"四节"，即按时令节气，

古朴校园，活力无限

设置四大主题节日：三月初三"百孝节"、五月初五"昭忠节"、冬至开启"消寒节"、十二月初八"腊八节"，培养孩子在传统节日中，懂得感恩敬孝、明义尽忠、锲而不舍、珍惜当下，同时收获一份"班级小家、学校大家"的凝聚力，这些正是小学生健康成长所必须具备的优良品质。

同时，我们还充分利用老街的人文资源，不定期搞"平直觅踪"活动，带领学生了解平直周边具有历史底蕴的遗迹。

文：为什么选择白玉兰作为校花?

徐：在我们的校园里有一株玉兰，与校外满街的白玉兰遥相呼应，是我校一道地标式的象征。白玉兰生长期是先花后叶，寒意料峭的初春时节，便已迎寒盛开。玉兰花的外形甚是好看，远观犹如雪涛云海，自古便被冠以高洁清雅之名。为了将学生培养成一株株清新挺拔、高洁淡雅的玉兰，我们一直致力于传统文化的普及工作。国学教育不可能一股脑儿地全部灌输给学生，只能通过某些具体的切入点，引导学生走进传统，为此我们开展了一系列活动：竹笛必修、古筝选修课程，晨诵暮省《三字经》《弟子规》等"蒙学口袋书"和《玉兰乐天诵》等校本教材，以及绢宫扇制作、虎头鞋制作等兴趣小组。我们开设这些课程和兴趣活动，不仅是让学生掌握一门技艺，更多则是浸润一种文化，希望能在每一名学生的心中种下一株高雅的玉兰。

教育需要耐心等待

文：在这样一所百年老校里任职，对您个人来说，有着怎样的意义?

徐：从 2009 年担任学校校长至今，每每想来都觉得自己是站在巨人的肩膀上——学校从最初的一所只有几十人的小学塾，经历了上百年的风雨波折，逐渐发展壮大，至今仍活跃在苏州教育的一线舞台上，这其中得益于每一任校长和老师的辛勤耕耘，前人的功绩应该永远被铭记和发扬。百年老校有着年轻学校难以比拟的底蕴，也给了许多校友心中一个类似于根的念想。

文：在小学教育阶段，您个人更看重哪些方面的培养?

徐：我觉得小学教育是锻炼孩子思维能力和看待世界的方式的媒介，比如，数学锻炼思维能力，语文则锻炼阅读、表达的能力等。生

弘扬民族文化，打造墨香校园

校史馆老照片

命更多的是一种体验，所以我一直强调德育和艺术教育，并且坚持让学生诵读国学启蒙读物，这些文化的浸润和熏陶对孩子的影响往往是潜移默化的。几十年后，当他们回顾起小学这段时光，并不一定记得自己考了多少分，往往是一些兴趣活动的场景、同学和老师的面孔，才会成为历久弥新、享用终身的美好记忆。教育不需要轰轰烈烈，而应该化作丝丝春雨，于无声中静静润入学生心田。

文：您认为好的教育应该是怎样的？

徐：我个人希望每一名教育工作者都能将学生当成一个个鲜活的个体来看待，用真心爱他们——就像一棵树，虽然我们并不知道究竟何时能长成参天大树，但是它肯定一直在慢慢成长。孩子也是这样，他们就像一颗颗种子，有些是树，有些是草，每个都不一样；他们何时能开花、结果，我们并不能预知，唯有不停浇灌，耐心等待他们成长。老师和家长都应该尊重个体差异，期待孩子成长的心情不要太过急切和功利，应该保持一份耐心，多给孩子一些成长的时间和空间。

（采访于 2015 年 5 月 28 日）

苏州市东大街小学
让学生成长为自己

　　提起教育家蒋炳章，人们首先想到的，往往是他和王同愈在1906年共同创办的草桥学舍。然而他于同一年创办并亲自担任堂长的另一所学校，却也在历史的风风雨雨中静静走过了一百多年。这所距苏州著名的盘门景区不远的百年老校，如今有了一个接地气的名字——苏州市东大街小学。

　　顾名思义，东大街小学就坐落于如今的东大街。清光绪三十二年（1906）创办之初，即为苏州府辖下三县合办的高等学堂，初名吴县官立高等小学堂，校址选在驸马府堂前（现东大街）。1912年，改名为吴县县立第一高等小学校。后又数易其名，1973年正式更名为苏州市东大街小学。

　　一所跨越世纪的老学校，虽然已经浸润了百年的悠长岁月，却在新世纪的教育春天中，仍然焕发出蓬勃的活力。

苏州市东大街小学校长　吴瑜

瑞光塔下的百年老校

文汇雅聚（以下简称文）：一百多年来，学校有没有迁过址？

吴瑜（以下简称吴）：我们一直在原址上办学。1906 年创办时，校址就选在驸马府堂前——当时将东大街泮环巷口以北的路段称为驸马府堂前，所以我校在上世纪 50 年代曾一度改名为泮环小学。驸马府内供奉着元末张士诚之女隆安公主及夫婿潘元绍，其遗迹一直保存至今。东大街原是吴县县衙所在地，老街南端即为盘门景区，重建于宋代的瑞光塔也成为我校风雨百年的见证者。

文：既然学校一直根植于此地，可有一些遗迹留存下来？

吴：学校原原本本保存着百年前风貌的历史遗迹，现在仅剩"一碑两树"，即一块石碑和两棵百年老槐树。说起这块石碑，它的发掘也是很偶然的。上世纪 90 年代学校翻修教学楼时，这块埋于地下九十多年的石碑得以重见天日，当时差点还被工人当成废石处理掉。这碑是学校十周年校庆时所立，上面的碑文显示，当时学校已经改名为"吴县第一高等小学校"，落款则是"校长杜应震"。学校早期的史料原本都已经佚失了，幸好石碑背面的碑文记载了学校最初十年的发展概况，让我们得以了解到学校初期的历史。

文：那学校早期是怎样的状况？

吴：2006 年，我们和同为民国时期吴县官办高等小学的四所兄弟学校，共同举办了百年校庆。为了办好这次重大庆典，学校进一步深入挖掘史料，发现了一份学校颁发于光绪三十四年（1908）的"修业证书"，上面的堂长署名为"蒋炳章"，从而确认学校的创办人即是大名鼎鼎的蒋炳章。蒋炳章先生是当时苏州很有名望的士绅，和当时苏州商界的

老校园里的风雨操场

其他著名人士一样，为苏州的教育事业做了很多实事。

再根据之前发现的石碑上的记载，我校第一届招收了二十八名学生，但第一届毕业生却只有十一人——这在很大程度上也反映了当时宽进严出的办学理念。此外，碑文还详述了校园面积扩大后，师生们披荆斩棘凿井开池、栽果树种蔬菜、植花卉养动物等内容，表明当时就已开始重视培养学生的动手能力了。在我看来，这种教育个性即便穿越百年历史，仍旧充满着灵动的活力和无穷的魅力。

关注每一个孩子的全面发展

文：作为江苏省陶行知研究会实验学校，学校是如何践行陶行知教育思想的？

吴：江苏是陶行知教育思想的发源地。他提倡的平民教育、普及教育，以及生活即教育、社会即学校，"教学做"合一等教育思想，深刻影响着一代又一代教育工作者。我校在建校初期即已倡导动手劳动和社会实践，这和陶行知的教育思想可说是异曲同工的。我们有幸

菁菁校园

作为江苏省陶行知研究会的实验学校，一直致力于践行这些先贤的思想精华，让教育贴近生活，扎根并服务于生活，富有生活的意义。

文：学校的校训是什么？

吴：陶行知先生一直强调"千教万教教人求真，千学万学学做真人"，我校在落实陶行知教育思想的过程中，一直秉承着"让每一个孩子都得到全面发展"的办学理念，围绕"立德立人"之校风、"立志立达"之学风、"立学立艺"之教风，确立了"求真"的校训。我们鼓励学生求真知、做真人，同时激励教师"用整个的心做整个的教师"，一起来做"真教育"。

文：学校现在有哪些特色教育？

吴：自上世纪 90 年代以来，我校的生源中随迁子女的比例开始逐年增加，学校根据自身实际，为了让学生得到全面发展，创建了"快

校园一景

乐体育，劳技体育"的特色教育。如今，"劳技"已成为我校的品牌，以普通生源的基础，取得了优异的办学成绩，先后有十多名学生在省、市比赛中获得大奖，其中陶艺作品更是在全国大赛中多次获奖；在"快乐体育"建设中，学校则利用周边的社区资源开展各种体育活动，尤其在乒乓球项目上，在历次比赛中屡获大奖，在 2011 年至 2014 年"城市商报杯"小学生乒乓球比赛中，已经获得男女团体四连冠。由于表现突出，学校成为苏州市少体校的"乒乓人才培养基地"。

让学生享受成长的快乐

文：几年前，另一所百年老校——升平中心小学因何机缘并入我们学校？

吴：2010 年，升平中心小学和我几乎是同时加入这个大家庭的。

百年古槐

我上任之初就面临着整合两所百年老校的情况，当时压力还是蛮大的。升平中心小学也是一所百年老校，但是几乎没留下什么校史资料，学校原先一直在剪金桥巷内，由于时代的发展，老弄堂学校的发展受限，再加上学生上下学不方便等原因，就并入了我校。

文：在整合两校文化方面，您是如何做的？

吴：两所风格迥异的老校合并，而且是一方的师生全体搬进来，首先要做的就是消除双方师生间的陌生感，以便于促进两校文化的融合，为此我从教师和学生两个层面着手处理。由于两校的青年教师比较多，就顺势成立了萤火虫读书会，每个月都会开展活动，并在附近社区和中国人民大学苏州分校建立了联系点，一起举办活动。至于学生，活动就更丰富多彩了，最典型的就是在体育、劳技的基础上，推出了"书香校园"和"健康校园"活动：书香校园是以"晨读一刻""阅读存折"为主，鼓励学生清晨到校后，伴随悠悠古琴声，静心诵读《弟子规》《论语》等经典一刻钟，同时给学生分发"存折"，让他们记录自己的阅读书目和心得，让学生意识到阅读积累的作用；健康校园则配备持有心理证书的教师，并聘请了专业的心理咨询师，组建了"心理咨询小屋"，不仅对学生开放，也欢迎家长预约，从而引导家长积极参与孩子的教育活动。

文：您会坚持怎样的办学理念？

吴：我认为一名教育工作者要拥有一种"抱朴求真"的情怀，宁朴不华，对教育的本质进行足够深入的思考。我个人很喜欢"让学生成长为自己"的教育理念，只有顺着学生的特点而为的教育才是真教育。如果仅用同一的标准来衡量所有的学生，就歪曲了教育的本义。我们的教育就应该是为每一个学生提供健康成长的环境，让学生慢慢认识到自我的价值，更多地享受"成长"而非仅仅是"成才"的快乐。

（采访于 2015 年 6 月 11 日）

苏州市善耕实验小学
打造幸福家园，为孩子开创一片天

　　苏州市善耕实验小学的前身为创办于清光绪三十二年（1906）的长洲县官立高等小学堂，创办人为晚清人章钰（字式之）。最初创办地址在苏州沧浪亭附近的羊王庙。宣统三年（1911）改名为吴县县立第二高等小学校，于1914年迁至谢衙前，后校名几经变更。1930年，第五任校长韩秉直提出以"善""耕"二字为校名，并赋予其丰富的内涵，由此"善耕"之名正式确立。在善耕的发展史中，先后有东吴小学、西花小学、史家巷小学、尚志小学、光明小学等并入。2009年善耕中心小学整体迁入新校址，更名为苏州市善耕实验小学。在学校近一百一十年校史中，出现了中国工程院院士张钟华、徐旭常，中国科学院院士程耿东和丁大钊，中国第一代交响乐指挥家黄贻钧，书画家莫静坡、尤玉淇，俄语翻译家陆坤元等校友。

　　善耕以"一生向善，百年勤耕"为校训，以"文化立校，人格塑造和智能培养的和谐统一"为办学特色，坚持"求真、求美、求实、求善"的校风、"善教、善耕、善思"的教风、"善问、善学、善悟"的学风。不断完善制度建设，规范内部管理，深化课程改革，强化教育科研，着力特色打造。坚持走内涵发展之路，学校办学水平不断提升，素质教育百花齐放，品牌效应日益彰显，办学成绩硕果累累。

苏州市善耕实验小学校长　杜坚民

教育要关怀学生的终身发展和终身受用

文汇雅聚（以下简称文）：2009年，善耕实验小学整体迁入平江新城，校舍变迁、师生更迭，教育传统是否有所改变？

杜坚民（以下简称杜）：善耕百年老校易地重起，虽然历经搬迁，抹去了历史显见的痕迹，但是"一生向善，百年勤耕"这一无形的校训文化却依然一脉传承，引领推动着学校的持续发展，焕发出新的生机。在"苏式教育"的大背景之下，我校融入叶圣陶"教育要关怀学生的终身发展和终身受用"这一思想，全力营造出以"知善，深耕"为特质的校园文化内涵。

文：怎样理解"知善"和"深耕"？

杜：如果说"知善"是精神品质的浓缩，那么"深耕"则是踏实处世的写照。古语有云：深耕细作，深耕易耨。农耕既是劳作，也是学问。清代学者程瑶田也提出：言耕者必言耦，以非耦不能善其耕也。耦之为言并也，共事并行，不可相无之谓耦。"耦耕"是指以两人协作为特征的耕作方法，"耦"即合作，"耕"即耕耘，当年叶圣陶在甪直建了"生生农场"，含义为师生共作，而今善耕建立的"耦耕小农场"也有师生共耕之意。

文："耦耕小农场"包含哪些内容呢？

杜：小农场以亲近自然的方式丰富学生的校园学习生活，为学生提供校本教材的实践基地。一期小农场面积近三百平方米，分为蔬菜大棚和水果大棚，里面整齐地种植着草莓、小番茄、生菜、南瓜、花菜等蔬菜水果以及近二十种不同的农作物，每列农作物前面还有标志牌写明农作物的名称。学校精心安排了课表，每周组织各班学生到农场进行劳

徐旭常，1941年毕业，中国工程院院士，热能工程专家

黄贻钧，1933年在校任音乐教师。中国第一代交响乐指挥家，是唯一指挥过柏林交响乐团的中国人

丁大钊，1942年毕业，中国科学院院士，核物理学家

尤玉淇，1932年毕业，老新闻工作者，著名国画家

校史廊

动、体验，让学生观察植物的生长情况，给植物锄草、浇水、施肥、采收果实，参与农场的日常管理，体验劳动的快乐。农场大棚旁边还散养着小羊羔、兔子、蚕宝宝、信鸽，"咩咩"的羊叫，悦耳的黄莺歌唱，小白兔一蹦一跳，鸽子妈妈辛勤孵化，待到小鸽子羽翼丰满，翱翔蓝天。

学校的各个社团特别喜欢这块"乐土"，种植社、美食社、美术社、陶土社、气象社、小记者团、文学社，他们都争着到小农场活动，获得新鲜的素材和丰富的自然知识。学校还组织相关专家和老师编写了"耦耕小农场"辅助文化校本教材《耦耕集》。

校园雕塑是一本打开的书

文：除了耦耕小农场这片"乐土"以外,学生还有哪些"乐园"和"乐地"?

杜：学校教学楼之间的空间，是学生的"乐园"——嬉戏园，园内紫藤廊下摆放着雕刻着象棋、围棋、斗兽棋等传统棋类棋盘的石头桌椅；地面上画着造房子、蹦方砖的格子，每当课间这里都会传来跳牛皮筋女孩子的朗朗歌谣，滚铁箍比赛的呐喊加油……学校教学楼二、三层的空间，是学生的"乐地"——开放式图书馆，这里的图书是学生自愿从家里拿来交流的，摆放在学生随手可取之处，并全天候开放。学生只要有空就能来这里选择自己喜欢的书籍阅读，开放式图书馆的管理工作都是由学生自主进行的。

文：踏入校门，学校标志性雕塑赫然出现在眼前，雕塑的设计理念是什么？

杜：雕塑为金属制，像一本打开的书。寓意百年老校本来就是一本书，打开书本学习知识，师生不仅要读自己的书，也要感受学校文化精神的传承，读学校这本书。整个雕塑采用了大气沉稳的中国红作为主色调，将校风、教风、学风融入其中，寓意着老校在新校区展现着活泼积极的蓬勃生命力。其上方以百年老校的"善"字为主题，下方的"五牛图"浮雕，辅以"耕"的底蕴，知善在上，深耕在下，品行为先，勤勉为本，学校教育百年来传承和发展的正是这种文化精神与气质。雕塑正中镂有信鸽图案，信鸽是善耕校园的吉祥物。鸽子既是和平的象征，又有和谐的寓意。它无论飞到何地，总能万里归家，象征着善耕学子有着爱学校、爱家乡的人文情怀。雕塑南边通往开放式校史馆的门框上写了一副对联："明礼仪知廉耻崇德乐善；通诗书晓琴棋博采勤耕。"这是善耕实小为吴县县立第二高等小学时的对联，如今把它复原，是新校寻找老校的过程。百年老校异地重建，历史的遗迹没有留下来，所以除了一定的搬迁和移植外，应该更深地挖掘老校历史，进行校园文化的再建。

文：学校的走廊丰富多彩，可以一窥学校的历史、文化传承和学校特色，十分有意思。

杜：走廊文化是一种潜在教化模式，通过校园走廊文化熏陶人、践行感悟人、思想感化人，潜移默化地促进学生的成长。我校结合特有的传统文化，将教学楼的东西两条走廊进行文化填充，东面走廊引入姑苏的传统小吃、工艺品、名人传承、名家诗作，以及我校开展的丰富多彩的传统文化活动等内容，分为"传承坊""传韵坊""传贤坊"三块展示，形成一条具有善耕特色的文化长廊——"姑苏廊"。西面的走廊则是传承百年文脉的校史廊。从一张1911年的学校十年校庆明信片，到三十年校庆的纪念册，从学校创办人章式之，到解放后的

善行馆

教学区

第一任校长金国忠，从百年的古钟、古井，到四大院士……学校百年的历史在这里凝固，也在这里流动，这些学校发展过程中所积淀的精神财富，都是塑造学校文化的重要资源，也是激发学生自豪感和责任心的来源。学生们常常在这两条走廊驻足流连，品味鉴赏，思想情趣油然提升。

文：您何时来到善耕实小，对于"善耕"是否有自己的理解？

杜：我是善耕实小第二十六任校长，2012 年 8 月我来到学校。之前我在大儒中心小学任校长、平江实验小学任副校长，还做过八年数学教研员。"善耕"，就是善于学习、善于生活、善于耕耘，既是对学生也是对教师。善学、善问、善思、善悟、善想，是一种才能和技能。我们现在的学习，我觉得更多还是要让学生接触生活，教育离不开生活。教育有收获、劳动有收获、学习也有收获，只要我们刻苦努力，都会有收获。善耕实小，不断汲取"苏式校园"文化的力量，在吴文化的环抱中，在传统与现代的碰撞中，在时代的发展中，不断前行。它，是孩子快乐学习的地方；它，更是孩子人格全面发展的摇篮。

文：如今"减负"是一个热议的话题，书包太重、作业太多，学生学得累、教师教得苦，对此学校有何行动？

杜：2013 年 3 月起，学校为全校两千余名学生打造"书包减负"计划。为有效减轻学生负担，避免过重的书包对小学生身体发育造成危害，学校首批无偿为一、二年级的七百七十多名同学配发了"牛牛书袋"，针织面料，两根简易的抽带，书袋本身的分量可以忽略不计，而学生只需带语、数、英三科的课本上学放学。小小的书袋一公斤不到，拎在手里很轻松。不背书包上学，孩子个个都乐开了花。为配合书包减负，每一个教室都为学生准备了一个精致的"私人书橱"，每名学生都有一格。打开书橱，里面放有各科目课本、教辅书、水杯等，书橱里的这些东西都是从学生书包里"解放"出来的。学生社团作为校园文化的重要载体，开展了"牛牛俱乐部"，精心打造了以艺术、科技、体育为主的三十多个学校社团，由学校老师和外聘指导老师授课，每周定期开展活动。"牛牛俱乐部"里多个以吴文化为中心的学生社团，成了小"新苏州人"融入新家的一个平台。在这里，学生们可以讲吴方言、了解苏州小吃、学习苏绣和评弹等。

文：您认为当代教育体制下，什么样的小学教育比较适合当下社会？

杜："一生向善，百年勤耕"，一个充满教育魅力的学校，应该是充满春天气息的，善耕把教学和人文结合起来，授予学生，为他们开创一片属于自己的天地，让他们得到最大的发展。现在的孩子接受新知识比较广，一味地死读书或者填鸭式的教育已经不适合当代孩子的需求。我们必须把教育和实践结合起来，让孩子在玩中学、在学中玩。特别是城市学校，学生对农业、动物、植物并不了解。我想激发学生学习的兴趣，培养他们良好的习惯和能力，更多的是增长知识，这对他们的后续发展具有博大的推动力。对于学校教育来说，重要的不是教给学生多少东西，而是在他们离开学校后能给他们留下多少东西。

（采访于 2015 年 6 月 17 日）

苏州市大儒中心小学
学生有差异无好坏

从平江路中段越过平江河，沿南石子街往西步行几步，远远就能看到一棵参天的银杏树，在低矮错落的粉墙黛瓦间愈发显得遮天蔽日。这棵老树不但亲历了平江街区最近三百年的盛衰荣辱，更见证了它所身处的大儒中心小学一百多年来的文脉延续。

清光绪三十二年（1906），潘起鹏在盛家带夏侯桥创办元和高等小学堂，并担任堂长。两年后，学校迁入大儒巷55号。1913年，改名为吴县县立第三高等小学校。1952年，从云小学并入；1956年，私立明德小学并入。此后数十年间，又有多所学校并入，校名也数次变更，至1977年，正式定名为沿用至今的苏州市大儒中心小学校。

一百多年前，学校创办伊始，就顺应废除科举、兴办学堂的潮流，聘请了一批具有进步思想、热心于教育的人才。解放初期，由苏州市政协副主席夏宗保担任校长，继承发扬优良的办学传统，注重基础教育和师生的德育，并为后来的每一任校长承继。百年来，学校先后涌现出画家陶冷月、纵横码创始人周忠继、中科院院士谢毓元、版画家凌君武等名人，校友足迹遍及海内外各地。

苏州市大儒中心小学校长　俞辰

名家辈出的办学史

文汇雅聚（以下简称文）：创办学校的潘起鹏先生，是一位怎样的人物呢？

俞辰（以下简称俞）：潘起鹏先生的生平事迹，留下的史料很少。我们手头零星的资料显示，他曾是赴日学习师范的留学生，学成归国后深受王同愈等学绅的赏识，随后在苏州教育界兢兢业业，积累了相当高的威望。在上世纪二三十年代，我校一度为吴县最具实力的小学之一。据记载，当时每学期都会举行母姊会、恳亲会、游艺会、音乐会等，借以联络家属；集会、训话、考查等

训导设施，办理切实、校风严整；儿童自治设施，指导不苟；各科课卷完备，均能认真订正，程度颇见整齐整洁；出席秩序，均有锦标竞赛；布置能因地制宜，教室环境亦有美观及训育意味。

文：那学校和陶行知、宋庆龄有着怎样的渊源呢？

俞：这两位名人与学校的渊源，主要源自 1952 年并入我校的私立从云小学。从云小学由施剑翘创办于 1946 年，主要招收贫民子弟、孤儿、流浪儿等社会底层儿童。施剑翘是民国时期有名的女中豪杰，以刺杀直系军阀首领孙传芳为父报仇而享誉全国。学校建立之后，由于她本人并不懂教育，就邀请陶行知指导办学，并请宋庆龄担任名誉董事长、冯玉祥担任董事长。她为从云小学付出了大量心血，经常到上海等地募集办学经费。1952 年，由于国家政策和个人身体原因，她将自己倾力经营的学校移交政府管理，最终与我校合并。

文：据了解，我们学校的办学名人中还有一位大名鼎鼎的人物——李根源？

俞：这又得提到另一所并入我校的私立小学——明德私校了。明德私校由顾玉振创办于

古雅的校园

1906 年，而李根源本为国民党元老，因不满政局，于上世纪二三十年代隐居在苏州，抚伤救民，参与《吴县志》的编修工作，并且仿陶行知开办农村学校等。大约就是在这一期间，他受邀担任明德私校的董事长。顾玉振一生从事教育事业，女儿顾世英也继承父业，出任明德私校校长。并入我校之后，顾世英仍选择留校任职，退休后仍不忘写信询问学校近况。顾世英前年在上海逝世，她家两代人都将毕生精力奉献给了我校。

如今再用宏观视角回顾历史上各自发展的几所学校，它们在不同的时间节点合流，最终融合为一条延续百年的文脉，真的是教育的一大幸事。

希望每一位师生都成为"大儒"

文：既然与陶行知先生有着深厚的渊源，那学校在继承和发扬陶行知教育理念方面是如何做的呢？

俞：我校是四十年的"学陶师陶"特色学校。早在上世纪 80 年代，

"爱"意满满的行知园

就已经在师德、办学等方面成为学习陶行知教育的模范学校，1989 年更是被评为江苏省陶行知教育思想研究会的示范单位，在全国都有一定影响力。那时候，一般说到学习陶行知教育思想，都会提到大儒中心小学。我们主要有两大优势，一是外在的，我们专门开辟了行知园，保存着陶行知的手迹砖雕等遗迹；二是内在的，因为有着受陶行知指导办学的历史渊源，学校历来在师资队伍的建设上分外用心，一贯主张学陶师陶。在行知园前，有一块 1978 级的老校友为他们的班主任立的"爱的教育"石碑，这位深受学生爱戴的魏珠老师曾获得"全国优秀班主任"称号，是陶行知先生"捧着一颗心来，不带半根草去"教育主张的坚定实践者。魏老虽然已经去世，其感人事迹一直传为佳话，成为我校贯彻陶行知教育思想的丰碑。

　　文：学校有哪些特色教育？

　　俞：我校的特色教育首推京、昆戏曲，是传承了二十多年的特色品牌。上世纪 80 年代，苏州市关工委提倡昆曲进校园，在昆曲博物馆开办了兴趣活动，我们学校则把这个活动搬入校内，作为社团活动。

大儒中心小学老校门

施剑翘在学校

大家都来学昆曲

经过每一任校长的坚持，最终发展成为我们的特色。由于昆曲更多面向女生，我们就增设了京剧班，专门招收男生。学校既配备了专门的教师，又延请了顾笃璜等昆曲艺术家进行指导。经过多年培训，小昆班已有《咏梅》《游园惊梦》《活捉罗根元》等多个成熟节目，学校的行知艺术团多次在全国、省、市各级比赛中获奖。

由于纵横输入法的创始人周忠继先生是我们的老校友，我们据此开设了纵横社，教学生学习纵横输入法。此外，还有无线电、机器人等科普社团。人的智能是多元的，人的性格也有着显著的差异性。所以，公平教育就是要为每个学生提供适合不同个性发展的平台，满足多元化的发展需求。

遮天蔽日的古银杏

文：“儒雅博纳”的校训表达着学校怎样的期许呢？

俞：我校历史上由于各种原因，有过几次迁址经历。学校原本长期在大儒巷的昭庆寺内办学，后来政府征用，就让出一部分场地，迁入不远处的现址。现址原本是一所古色古香的义庄，我们保留了老建筑的风貌，将其作为校史馆和兴趣活动小组的场所。上世纪 90 年代举办九十周年校庆之际，老校长曾做了大量的校史搜集工作，并据此提炼出“儒雅博纳”的校训。百年来，学校一直秉承儒文化的精神，坚持以儒治校，希望每一位师生遵守“温良恭俭让”的“儒雅五标准”。我们主张，学生既要做考试好的小儒，又要立志成为德才兼备、对社会有益的大儒；老师既要做教好书的小儒，也要成为负责学生身心全面发展的大儒。学校希望每一位师生都努力成为大儒。

让学习成为一种生活方式

文：学校离著名的平江路这么近，平常的教学工作会受到影响吗？

俞：起先也会担心学生上下学会不会受旅游景点影响，后来发现总体还好。学校至今仍保留着一块石碑，是学校二十周年校庆时所立，碑上刻着“吴县县立第三高等小学校”字样，是当时吴县五所官办高等小学之一。文化是受地域影响的，我们一直扎根在平江街区，浸润着儒文化，也已成为本地区重要的社会文化资产。

文：学校是如何传承儒文化的呢？

俞：今年是我来学校任职的第三年。在前任校长编写的校本教材《新论语》的基础上，我创设了“开口儒拳”，鼓励学生边打拳边诵《论语》，既感受古代读书人的优雅举止，又强身健体。为了激发学生兴趣，还设立了“段位制”，每通过一定的考评标准，就颁发相应段位的证书。现在连一年级的小朋友都能有模有样地背诵几段《论语》名言，虽然他们不一定懂得其中的内涵，但这种影响往往是潜移默化的。此外，京昆社的成员都是经过筛选的，名额有限。为了在全校范围内普及昆曲知识，我请顾笃璜先生担任顾问，组织编写了校本教材《昆缘》，并且在音乐课等课程中适当渗透这些传统文化课程。

文：您认为好的教育应该是怎样的？

俞：因时制宜。因为社会总在不断发展变化，与二十年前相比，

书声朗朗的大树廊

昆曲小花旦

学校的生源结构发生了巨大变化，随迁子女比例已经达到 80%。这样的生源结构带来的首要问题，就是学生的个体差异很大，孩子的行为习惯、认知起点、家庭经济条件等参差不齐，给教学工作带来很大的挑战。经过一段时间的摸索，我们认识到每个家庭对孩子的期待是不一样的，学生个性有差异，但没有好坏之分。因此，学校开始重视分层教学，尊重学生的自主性，鼓励学生参与各种兴趣活动，让他们按照自己的所长和所好去成就自己。比如京剧班在招生时，需要挑选气息足、嗓子亮的男生，而这样的男生往往是平时最调皮好动的，虽然学戏的过程很枯燥，但是由于提供了表演的机会，孩子们也体会到了成功的快乐。

不管怎样，我始终认为学校是一个学习共同体，读书是学习，生活实践也是学习，不管是老师还是学生，都应当把学习当成一种生活方式，这样才能成长为智慧型的大儒。

（采访于 2015 年 6 月 29 日）

苏州市第三中学校
小巷里最国际的学校

苏州市第三中学校是一所具有深厚文化底蕴的百年名校，创办于1906年，其前身为晏成中学和慧灵女中两所教会学校。1953年两校合并，定名为"苏州市第三中学校"。1960年，学校被命名为江苏省重点中学，并确定为"五年一贯制"试点学校。1998年，学校正式恢复"江苏省重点中学"称号。2004年，学校晋升为"江苏省四星级高中"。2010年，依据省教育厅要求，实行初、高中分离，苏州市第三中学成为高中学校。

苏州三中具有悠久的历史和辉煌的业绩。民国初年，梁启超、蔡元培、章太炎等名人曾到学校讲学。1919年，孙中山先生为晏成中学题写"其道大光"的匾额。2006年8月，为表彰学校在科技创新教育方面的成绩，国际小行星委员会将编号为5013的小行星命名为"苏州三中星"。同年11月，诺贝尔奖获得者、物理学家李政道来校参观，赞誉苏州三中："凝聚姑苏灵气，汇成全国骄傲。"百年三中为高校和社会输送了数以万计的优秀学生，他们中有原国务院副总理吴学谦，有戴松恩、王德滋、殷瑞珏、陆道培、王礼恒等八位院士，有著名教育家、特级教师于漪和茅盾文学奖获得者苏童等文化名人，以及1936年参加柏林奥运会的程金冠和2009年全运会跳远冠军张晓一等体育健将。

苏州三中秉承"学道爱人"的校训，与时俱进，以时代精神和办学实践不断丰富"学道爱人"的内涵，围绕学生的发展、教师的发展和学校的可持续发展，提出了"做负责任的教育，办有特色的名校"的办学目标，努力将学校建设成为"质量优异、特色鲜明、省内一流、国内知名、有国际影响的现代化名校"。学校还提出"让每一个学生成功，让每一位教师发展"的办学理念和"以'善耕'的教师，用'晏成'的方式，育'慧灵'的学生"的教育理念，树立了"关爱每一个学生，服务每一个家庭"的服务意识。

苏州市第三中学校长　卫新

文化立校　其道大光

文汇雅聚（以下简称文）：苏州三中以何立校？

卫新（以下简称卫）：文化立校，在苏州三中已取得共识，净化校园、优美校园和文化校园的交响乐已经奏响，文化立校的物质形态也已初具雏形：镜湖的"鱼乐"桥象征着生活在文化校园中的三中师生悠然自得的心态；世纪广场上梁启超先生的"少年中国说"说出了三中人的中国梦和青春梦；行政楼广场上那棵"最接地气"的树，仿佛告诉人们素质教育在苏州三中已落地生根；晏园那棵不倒的雪松，昭示

着苏州三中不屈的文化性格；三生万物之树，郁郁葱葱，预示着苏州三中"其道大光"的光明前景。未来的苏州三中，文化立校，其道大光！

文：校训"学道爱人"源于何处？

卫：学校的文化不仅表现在有形的物质景观上，更表现在无形的办学思想上。苏州三中在传承与创新中形成了独具个性的办学思想。"学道爱人"这四个字源自晏成中学的校歌，我们将其作为校训。学道，即掌握规律、方法，通晓科学文化知识，成为"智者"；爱人，即学会做人，成为"仁者"。因此，我们的校训本义是"成为智者、仁者"，充分体现了素质教育的理念。我们寓"学道爱人"的校训于各种教育活动中，让学生感悟校训，并践行校训。

文：您认为学校文化的制高点是什么？

卫：学校精神。在漫长的时间长河中，三中人砥砺奋进，薪火相传，用自己的梦想与激情、爱心与拼搏铸就了生生不息的学校精神——龙马精神。纵横楼二楼有一具恐龙化石，在一楼则有一匹唐三彩的马。龙与马，寓意

兰亭

苏州三中的"龙马精神"。苏州三中地处古城区，四星高中相对密集，而城市格局的变化又使古城区优质生源相对萎缩。这对苏州三中的冲击尤为严重，因此，2014年的高考和中招都不尽如人意。但是，我们总结经验教训，多举并重，全力以赴，2015年打了个漂亮的翻身仗。尽管如此，我们依然清醒地意识到，高考与中招，就像"西西弗推石"，每一年都将回到原点。但不管前进道路如何艰难曲折，我们都会励精图治，将脚下的每一步走稳、走实。因为只有这样，一所百年老校才能走得更远。可以说，文化立校是苏州三中的一个长期发展战略，它将经历净化校园、美化校园、文化校园等一系列举措与步骤。

苏式慢教育之下的绿色学习

文: 中国革命的先行者孙中山先生为三中题词"其道大光",三中之"道"在哪里?

卫: 我认为三中之道,设置于先秦,写定于北宋,形成于清末,践行于当下。老子《道德经》中说: 道生一,一生二,二生三,三生万物。道生一: 三中之道的核心精神就是"慧灵晏成"这一理念;一生二: "二"就是晏成中学和慧灵女中这两所教会学校,"慧灵晏成"就是这两所学校的校名连缀而成的;二生三: 晏成中学和慧灵女中这两所学校在 1953 年合并成了苏州市第三中学,"三"就是三中;三生万物: 我相信我们三中一定可以化育万物,其道大光的。所以,我要说三中之道的密码,设置于先秦。

文: 您对"慧灵晏成"的解读方式很独特。

卫: "晏"有"迟,晚"之意,于是"慧灵晏成"就有了大器晚成的意思。这层意思提示我们老师要有等待其成的爱心。大江健三郎《为什么孩子要上学》一书最后一章的标题就是"请再等上一段时间"。龙应台有一本书的名字就是《孩子,你慢慢来》。这层意思也提示我们同学要有永不放弃的精神。不是杰出者才做梦,而是善做梦者才杰出;"晏"还有"安定,安乐"之意。这层意思提示我们老师要有从容而成的智慧。教育是农业,一年四季,什么时节做什么事就是从容。不能从漫长去理解,也不能从无为去理解,"从容"关键的就是符合规律,是一个慢慢磨炼的过程。因此,我们崇尚苏式的慢教育,这符合苏州三中学生的学情。这层意思也提示我们同学要有"绿色学习"的观念。绿色学习应该是有效的,不仅充满了艰辛,而且充满了乐趣。绿色学习应该是自然的,不仅有利于身体,而且有利于心灵。绿色学习应该是可持续发展的,不仅有利于现在,而且有利于将来。

文: 大部分家长心中的高中是忙碌的、紧张的,但苏州三中却崇尚苏式慢教育,为什么要"慢",又如何来"慢"呢?

卫: "慢教育"诠释为在距离不变的条件下增加时间。所谓增加时间不是简单地加班加点,而是增加节点,正如阿尔卑斯山边的标语"慢慢走,欣赏啊",既然我们无法增加生命的长度,那就拓宽生命的宽度。上海市教育科学研究院顾泠沅教授以宋人所说的"勤、谨、

慧灵女中学生在做实验

和、缓"中的"缓"字诠释了我校的慢教育理念：文武之道，一张一弛，做事情要张弛有度。

多语种发展　国际化办学

文：您认为苏州三中最大的特色是什么？

卫：苏州三中可以说是小巷里最国际的学校。我校坐落于明代官员谢翰所居的谢衙前老街之上，传承了晏成、慧灵时代外语特色见长的传统，于 20 世纪 90 年代探索外语特色办学之路。2008 年创办"苏州三中·新南威尔士国际课程班"，2009 年开设小语种，先后开设日语、德语、法语和韩语等语种，2011 年增名"江苏省苏州外国语高级中学校"，2014 年成功申报江苏省多语种课程基地。这几年，我校多语种办学取得了较大的成绩，且闻名苏城：与日本的千叶市立高中、法国的巴托尔蒂中学、法属留尼旺岛圣查理中学、德国的卡滕贝格文理科中学等学校国际交流频繁；澳大利亚"优飞班"、日本的"中日小大使"、加拿大伦敦国际学校等国际课程项目，为学生搭建了多元成才的"立交桥"，多语种实验班学生多被国内知名高校录取。2013 年，我校召开了多语种教学专题研讨会，探索多语种特色办学之路。我们认为，

临别宴送杨女士雪芸荣□摄影纪念（民国二十年二月十四号）

慧灵女中创办人兰纱裴

晏成中学创办人麦嘉祺

目前，苏州四星高中的国际课程总体呈碎片化状态，整合我校多语种教学资源，优化国际项目，打造核心课程，做强国际化办学，是我校多语种特色的发展方向。

弘道楼

　　文：苏州三中成功申办江苏省高中多语种课程基地后，开办了哪些课程？

　　卫：课程是学校的核心竞争力；同时，课程也是学校最有可能实现变革的方面。我校多语种课程基地由录播教室、同声传译室、演播教室、法国文化研究室、茶道教室、日本文化研究室、英美澳文化研究室、德国文化研究室、江苏省特级教师陈瑾工作室、文化长廊等组成。首批基地校本教材一套（十五册）已编印成册。"生态、体验、融和、创新"是我们基地的核心理念。我们希望通过基地建设，促进教与学方式的转变，满足学生个性化发展的需求，培养学生成为具有中国情怀、国际视野的高素质创新型人才。

　　文：苏州三中地处苏州古城中心，地理位置较小，学校如何优化校园建设呢？

　　卫：三中的校园很小，只有四十多亩土地，但精致、精美，每一

百年三中, 慧灵晏成

处景都融入了学校的深厚文化和我们的教育思想。她是一本厚重的书，读不完，永远给人以想象和哲思。2012 年后，苏州三中面临着新一轮校园整体改造。这次校园整体改造与以往不同的是物质遗产的保护意识特别强烈，充分挖掘了百年老校的文化内涵。如校门右侧花坛处刻有校训"学道爱人"的巨石，取名于"晏成中学"的教师休息中心"晏园"，取名于"慧灵女中"的心理咨询室"慧园"，以及集门卫、招生办和国际项目办公室等多种功能的"嘉园"，取自晏成中学创始人"麦嘉祺"的"嘉"字。此外，成林楼西墙上的"严谨、求实、团结、创新"，这是我们的校风；逸夫楼东墙上的"百年三中，慧灵晏成"，这是我们的校史；弘道楼南墙上的"其道大光"，这是我们的愿景。从某种意义上，三中做到了"让每一面墙都说话"。

（采访于 2015 年 8 月 26 日）

苏州市第四中学校
合适的教育才是最好的教育

　　花开烂漫满村坞，风烟酷似桃源古。千林映日莺乱啼，万树围春燕双舞。1902 年，姑苏城内西北角，美国基督教圣公会教士在吴中名优陈圆圆的故居上面，圈地兴建礼拜堂，创办苏州桃坞中学。1908 年，学校成为"上海圣约翰大学"的附属中学，毕业生免试升入"圣大"。校训"学而不思则罔，思而不学则殆"与"圣大"相同，课程设置与"圣大"接轨，学校被誉为"远东办得最好的教会学校"。

　　桃之夭夭，灼灼其华。百十年的办学历史，在苏州教育史上留下浓墨重彩的一笔。在这里走出了钱锺书、钱锺韩、钱锺英三兄弟，培养了潘承洞、潘承彪两昆仲等。中国稳定同位素学科的奠基人和开拓者张青莲，中国科学院院士和美国国家工程院双料院士、我国铁电陶瓷研究方面的主要奠基人之一姚熹，前国际纯粹与应用化学联合会（IUPAC）的放射化学与核技术委员会主席刘元方，"银河"系列仿真计算机总设计师金士尧等都在这里度过了他们的青春岁月。

　　进入新世纪，苏州四中依据"高尚纯洁之品格，切实适用之学诣"的历史传统，在培养学生高尚品质的前提下，有教无类，因材施教，根据学生个性和特点进行适切教育。2004 年学校在全国第一个成为中国民航大学空乘生源基地，第一个在全国普通高中开设空乘课程。十年里，苏州四中培养了近六百名学生考入各类空乘院校，三百多名毕业学生翱翔蓝天，她们展示了苏州空姐独有的品格和风采。已有九所国内知名空乘院校与苏州四中签约合作办学，建立了以苏州四中为核心的"中国民航后备人才学校联盟"，传播和交流空乘特色教育的经验和成果。苏州四中"空乘班"已成为"苏州领先、江苏知名、全国有影响力"的特色教育品牌。三吴名庠，乐育英才。切磋琢磨，问道正匡。绵绵瓜瓞，桃李芬芳。

苏州市第四中学校长　张剑华

他山之石可攻玉

文汇雅聚（以下简称文）：说起四中的前身桃坞中学，许多老苏州人通常都会跷起大拇指。你觉得这"大拇指"背后说明了什么？

张剑华（以下简称张）：作为苏州四中的前身桃坞中学，她的历史从 1902 年到 1952 年止，正好是半个世纪。从很多的历史资料和校友访谈中，可以发现历史名校之所以成功，有其必然的规律。例如桃坞中学办学特别严谨，学校实行淘汰制，宁少毋滥。进入桃坞学习后，不等于万事大吉，学生在学习过程中，如有一门主科或两门副科不及格者即留级，两次留级即除名。在学校章程的奖惩系列中，有明确条文规定："品行平庸学业一无进步，得由教职员会议时取决同意降入下级。"因此在上世纪 20 年代，一个班级到毕业时，往往仅剩学生二十人左右。淘汰率近三分之一。另外，学校采取的记分制又不同于一般学校，各科考试成绩以七十分为及格。由此可见，在这样严要求和高淘汰率的办学机制下，保证了桃坞学生的优秀成才率。因此，培养出了一批大家，也成就了市民们的口碑。

文：作为学校领导，桃坞中学在办学上有哪些做法值得您借鉴？

张：桃坞中学有一套自己独特的管理与教学制度。例如学校的英语教育在华东地区的教会学校中都赫赫有名。学校采用全英语教学环境，教学又不同于应试教育。校园里，师生皆用英文会话交流。外语由外籍教师任课，其他教材多用英文原版。如初三所读的《人类的故事》，当时有些大学文法学院把这本书定为大学一年级的课外读物。平时学科考试试卷用英文命题，学生答问、答卷也均用英文。因此，对初次进校的人来说，就好像进了外国。除此之外，学校非常重视体育运

教学楼

动，所以很早就成立了拳击俱乐部，拥有会员一百多名，每天早晨进行锻炼，成为一个有名的全校性组织。同时，体育运动还和学业成绩挂钩。如篮球队员中有一门功课不及格者就不能选入校队。应该说学校的课外体育活动对增强学生的体魄起了很大的作用，这也是意志品德从小培养的重要举措。

文：民国时期涌现出一批教育大家，他们身上存在着怎样的精神特质或者说是时代精神？

张：当时由于国家积弱积贫，那种"家国意识""救亡图存"的思想普遍扎根于一些积极有为的知识分子的心中，通过教育来改变民众的思想，改变国家落后面貌的急迫心情应该是当时许多办教育的人初衷。例如，陶行知、晏阳初先生发起的平民教育，黄炎培先生倡导的职业教育，陈鹤琴从事的儿童心理研究等，这些教育家就是希望通过"识字、生计、文艺、卫生、公民"诸教育以治旧中国的"贫、愚、弱、私"四大痼疾，办学宗旨相当明确。另外，在学术上，他们倡导自由，反对政府过多干涉教育。20世纪20年代中，苏州的教会学校遵照民国教育部令，均先后向政府申报立案，唯独桃坞中学拒不立案。直到1948年，学校复校后，才报江苏省教育厅立案。学校要求独立办学、自主办学的精神可见一斑。

探索无涯学为本

文：应该说，苏州四中近几年的知名度越来越高，特色办学尤其突出，你们是如何做到这一点的？

张：上帝在给你关闭这扇大门的同时，又给你撞开另一扇大门。在空乘特色办学之前，学校曾经尝试在其他特色办学方面能有所突破。2004年，机缘巧合，学校与中国民航大学建立合作关系。为此，学校根据空乘特点，制定了学生发展的三年规划。第一年，使学生尽快地适应高中学习，树立空乘意识，培养特长爱好；第二年，使学生掌握高中课程，增强空乘意识，特长初见成效；第三年，使学生有较好的学习成绩、较强的个人素质、较高的面试通过率和高校空乘专业录取率。为此学校设置了必修课和选修课并重的课程，即文化课程、特长课程、实践课程。天道酬勤，多年的实践证明，学校当初的决策还是正确的。

文：在这样一所学校里，您会坚持怎样的教育理念？

张：这几年，我一直在研究四中的校训"高尚纯正之品格，切实适用之学诣"。为什么先贤们对学生品格的要求居于学诣之前？很明显，学生要首先学会做人，再学会学习。结合一句广告词"品质的背后是品格"，学生能否成才，品格培养至关重要。这就要求学校必须致力于培养品质高、品性美、品德优、品行好的社会英才。近五年来，学校坚持走德智体全面发展的教育道路，发展和开拓品格教育，以品格教育为学校教育的主题，培养学生高尚纯洁的品格，坚持教育为社会实践服务的道路，培养学生切合社会需要的知识技能，从而实现品格和学诣的统一发展。

文：不论哪个时代，社会对孩子的教育都是相当关注的，您认为什么样的教育是成功的？

张：什么样的教育是成功的？可能是见仁见智。首先以我工作过的两所学校谈起，一所是六中，一所就是四中。这两所学校都是苏州市乃至江苏省著名的特色高中，一所以艺术见长，一所以空乘闻名。如果单纯从学业成绩来看，两所学校很难跻身江苏省顶尖学校之列。但从特色办学的角度来看，两校是当之无愧的"名校"。如今社会评价一所学校，往往以高考成绩来看，一般只看高中的三年。在这三年里，

图书馆

四中知名校友

院士姚熹

钱锺书

钱锺韩

过邦辅

有的学生可能是"催熟"的，外表看似成熟，底子不牢靠。而有些学生可能属于大器晚成，三年里不一定显山露水，假以时日，却能成才，成为社会栋梁。因此，以我近三十年的教育经历来看，应该说适合孩子一生成长的教育才是成功的教育，希望学生能到适合自己发展的学校就读。为此，中国教科院经过全国调研，将全国普通高中的发展类型初步界定为"学术型、人文型、科技型、外语型、艺体型和普职融合型"五类。

桃花坞里好耕田

文：四中作为一所百年学校屹立不倒，它内在的"神"是什么？

张："桃坞"到"四中"，百年的历史长河中，我们可以归纳出共性的几点，学校教风是"尚德、博学"。"尚德"，以德为首，以

张青莲

潘承洞　　　　刘元方

德育人，以德立人。"博学"即学识广、学艺精，谦虚乐学、好学、善学，修己育人。四中的学风一以贯之，"钟书、力索"。"钟书"即钟爱读书，终身读书，终爱思索，终有所学。"力索"指努力学习，力争向上，竭力探索。因为有了这样的学风，四中才能生生不息，薪火相传。

文：这几年，学校空乘办学已经是高位发展，未来几年是否有新的打算？

张：前几年，学校在构思发展蓝图时，已经注意到这一点。根据扬·莫里森的"第二曲线"理论，结合苏州教育"公平、优质、适切"教育要求，联系我校"切实适用之学诣"的培养传统，学校决定做足做好"适切"两字的大文章，做大做优"航空"的大蛋糕。在充分调研的基础上，学校整合现有师资力量，厘清课程体系，决

苏州四中现有的七幢古建筑均为苏州市级重点保护文物，是迄今市内中小学中保存丰富、人文景观较好的一所学校

定培养综合性的"民航人才"。争取在未来几年里，学校发展成为民航特色高中或民航特色基地。深挖"民航"特色内涵，培养民航后备人才。

文：随着出国潮的出现，您认为"留学镀金"对个人或社会有什么作用？有人说，这也表现了大众对中国当代教育的失望情绪，您怎么看？

张：随着越来越多的学生外出留学，原先"神秘""高大上"的光圈逐渐被打破。应该说，出去读书对开阔视野、增长见识的确有所帮助，其中相当部分学生比较刻苦，学有所成。据知名校友钱锺韩先生回忆：桃坞中学的"毕业生希望进洋行当职员；最高目标是升入上海圣约翰大学，以后可以直接去美国留学"。由此看来，出国深造梦不是现在才有的。从2008年国家教育部出台的千人计划来看，海外培养急需人才对国家建设来说是有重大的积极意义的。但如果仅仅是去镀金的话，这种留学的意义就不大，我相信越来越多的家长也会更加趋于理性。目前当代教育中或多或少存在着一些问题，但教育也要从全新的视角来考虑，革命尚未成功，吾辈尚需努力。

（采访于 2015 年 9 月 10 日）

苏州市第五中学校
教育的核心是坚守

《红楼梦》第一回云："东南有个姑苏城，城中阊门，最是红尘中一二等富贵风流之地。"作为明清时期全国最繁华的商业街区，阊门内外一度商货云集，人流涌动。从阊门往西至枫桥的十里长街上，各地会馆更是纷列其间。历经数百年风风雨雨，清康熙年间由南京移建于此的潮州会馆仍保存完好。而这座文保建筑如今的所有者，即为苏州市第五中学校。

苏州五中的办学历程已跨越整整三个世纪。学校前身，分别为1892年创办的萃英中学和1942年创办的圣光中学，均为教会学校。1952年，两校合并，成为苏州市人民政府领导的公办学校，并更名为苏州市第五中学。

岁月悠悠，世事更迭，"萃英""圣光"之名不觉间也已尘封了一个甲子之久；但是对于如今的五中人而言，它们所代表的"萃英精神"和"圣光传统"，仍是汩汩流动于每一位师生、校友心间的立身处世之源。

苏州市第五中学校长　丁杰

开苏校先河，尽东南之美

文汇雅聚（以下简称文）：前几年一直传闻五中要搬迁，后来为什么又决定不搬了呢？

丁杰（以下简称丁）：当初因石路商圈西扩的需要，学校也在动迁之列，但很多有识之士都坚决反对，认为学校文化底蕴会因此严重受损。2013 年 11 月，苏州市市长周乃翔亲自带领各有关部门来校实地调研，在校园里走走停停，很是感慨，认为像这样有价值的百年老校，政府部门不能只算经济账，应该全力保护好。最后，在几位分管市长和多部门的支持下，会议一致决定让我们继续在原址办学。作为亲历者，我切身感受了苏州崇文重教的优秀传统。

文：五中校园的确很有民国时期特有的中西合璧的风情。

丁：学校现有两个苏州市级文保单位，一是始建于明末的潮州会馆，典型的中国古典建筑；另一个为"萃英中学旧址"，是由上世纪一二十年代陆续建造的五幢维多利亚风格的小洋楼组成的校舍群。明末清初的潮汕旅苏商人普遍重文教，他们建会馆搭戏台，除传播潮汕文化、联谊乡亲外，更有资助寒门子弟读书的活动。这份传统，与一百多年后在此办学的萃英书院的理念不谋而合。翠英书院由美国基督教北长老会派遣的传教士海依士博士创办，旨在以传教的方式，为中国的贫苦孩子启蒙科学新知。海依士白手起家，最初只有连其本人在内的三名教员，第一年仅招收到三名学生。最初的十来年里，书院也几经易址，1904 年迁至现址办学，1911 年改名萃英中学。经海依士、白本立和蒋文达（首任国人校长）三任校长的努力，萃英中学迅速发展为远近闻名的教会学校。1932 年，翠英举办四十周年校庆时，社会各界人士

纷纷题贺，其中历任武汉大学校长、民国国民政府教育部长、宣传部长、外交部长的王世杰，就曾题赠"苏校先河"。

文："苏校先河"是指哪方面？

丁：为使苏州市民易于接受西方宗教和新学，海依士校长有意借鉴中国私塾形式，取名为"萃英书院"。当时苏州学堂仍以科举应试为主，萃英却与世界接轨，传授西方先进的教育理念和科学文化知识。萃英书院并不是苏州最早的教会学校，却首开英文课程，并开创性地

潮州会馆

分设中、小学课程，又实行文理分科。这是吹进苏州的第一缕真正意义上的新学教育之风，所以时任国民政府教育部长的王世杰才盛赞萃英开"苏校先河"，国民党元老叶楚伧更赞誉学校"尽东南之美"。《苏州市志》在谈及苏州中学教育时，开篇就说："苏州有普通中学，始于清光绪十八年（1892）教会办的萃英书院（后改为萃英中学）。"

文：学校的校训是什么？

丁：校训"诚仁勤朴"是萃英中学蒋文达校长于上世纪 30 年代

萃菁楼

萃泓楼（左为张治中像，右为海依士像）

萃英楼（春）

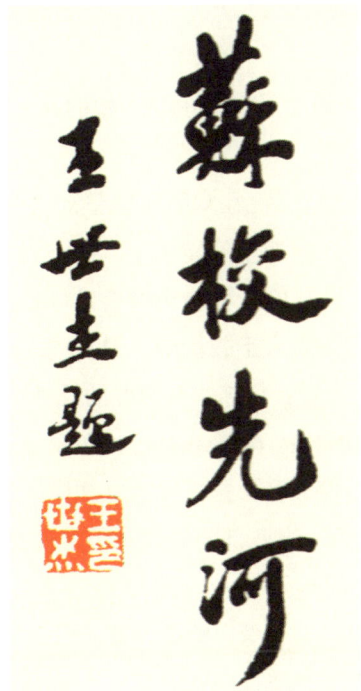

苏校先河

王世杰题

提炼的。萃英四十周年校庆时，学校第九届毕业生、后来的第四任校长葛鸿钧，总结出"努力奋斗、分工合作、人格教育、实事求是"的十六字"萃英精神"。学校另一前身圣光中学，办学虽只十年，却也形成了"纯朴真纯、有教无类、惜阴如金、四育并进"的优良传统。如今，在融合"萃英精神"和"圣光传统"的基础上，我们根据现代人才培养的要求，在弘扬"诚仁勤朴"校训的同时，又提出"疑思问行"的追求，勉励五中的学子立世先立身、为学先为人，学以致用、用以促学、学用相长。

古籍馆

曾经的"中国的伊顿公学"

文：抗日战争导致大量学校关闭、师生流亡，却也促成了各校的联合，甚至像圣光中学这样的新学校的诞生。

丁：非常时期行非常之法，处境虽然艰难，往往却能收获非常之效。海依士远渡重洋白手起家已属不易，但在抗战期间异军突起的圣光中学，则更彰显出"教育救国"热忱的可贵。1942年，由怀有共同的基督教信仰和"教育救国"抱负的政界、商界人士张治中、尹任先、朱经农等发起在重庆山洞镇成立圣光中学，旨在培养"有美好的灵性"，又"通达各种学问，知识聪明俱备"的学生。学校共有七位董事：张治中将军、教育部次长朱经农、财政部税务署长张静愚、立法院委员胡宣明、中央医院院长梅贻琳、商人李锐、财政部公债司司长尹任先。尹任先任校长，并邀教育家王省三任副校长。

文：圣光中学的董事会"阵容"堪称豪华，师资力量想必也很强。

丁：不同于一般的教会学校，圣光不隶属任何教会组织，教师待

苏州百年老校

萃英中学历任校长

第一任校长海依士

第二任校长白本立

第三任校长蒋文达

第四任校长葛鸿钧

135

张治中（右）与圣光中学首任校长尹任先

遇虽不及其他私立、教会学校，然而却聚集了众多高学历教师，不仅有国内名校毕业生，更有留学英美的"海归"，还聘请过后来成为中国工程院院士的曾德超先生任教。学校的英语课程也全由外籍教师讲授。高质量的教学水平和生动活泼的校园生活，引得陪都重庆的上层人士纷纷送子女前来入学，如冯玉祥、王世杰、于右任等，张治中等校董的子女也都在本校学习。因办学规格高、师资雄厚，圣光被喻为"中国的伊顿公学"。其实，圣光的大多数学生来自普通家庭，家境贫寒而品学兼优或者作为基督徒子女的学生，都能获得减免费用的照顾。

文：圣光中学跟苏州的缘分从何说起呢?

丁：抗战胜利后，圣光因校董和大部分师生均系客籍，迁校问题就迫在眉睫。校董会曾拟选南京为永久校址，然而在宁商洽租房均不成功，倒是觅得苏州齐门外战前美国长老会的"福音医院"较为适宜。经校董会一致商议，圣光于1946年迁至苏州，并逐渐发展为完全中学。

让每位学生都打上五中底色

文：五中如今有哪些特色教育？

丁：科技教育是我校的一张亮丽名片。2009 年，学校被评为"全国首批高中特色项目学校"，这个特色项目就是科技教育。作为全国科技教育研究基地，学生的发明创造曾荣获青少年科技创新江苏省一等奖、苏州市市长奖等大奖。目前，我们正在整合已有资源，并与高校合作，积极建设科学教育创新实验基地，以期更好地培养学生的科学精神和科学素养。

2014 年始，我们与上海、杭州等地的高校、专业机构合作，开展戏剧教育探索和实践。戏剧涵盖语文、音乐、英语、历史、心理和科学等多门学科，既可以促进各学科课程研发和跨学科整合，又有助于学生将所学知识内化，通过角色代入学会换位思考。一台戏剧的排演，有台前也有幕后，不擅表演的也能在舞美设计、道具制作、灯光配乐等方面找到适合自己的环节，真正做到了面向全体学生。从编到导再到演，学生的创造力、表达力、思维力、执行力都得到提高，团队意识和协调能力大大增强。去年底，在"全国中小学校园影视作品比赛"中，完全由学生创作的《鸿门宴》荣获"影视教学类"金奖，《萃英风华——我在五中遇见你》荣获"微电影类"银奖。

文：作为一所百年老校，五中在传承历史传统方面是如何做的呢？

丁："萃英精神"和"圣光传统"，是我们五中传承至今的魂。海依士校长曾在校园中建造了一砖砌门楼，名为"入德之门"，寓意学生要接受道德的熏陶，成为有德之文明人。传承百年文化，我们首先要怀着崇敬的心感怀历史，同时以负责任的心面向未来。所以，"弘扬"是我们的出发点，让传统活在当下，活在每一位五中人的心里。

百余年来，关注课程设置和课外活动一直都是学校的办学坚持。萃英在初中阶段开设"择业指导"，引导学生生涯规划；高中阶段开设英文授课的国外书报阅读、世界文化史、世界地理、实用物理和实用化学，引导学生关注世界。圣光也始终倡导自主、科学、活泼的教育氛围，课程设置非常丰富，在严格文化传习的同时，重视文体和课外活动，学生画展、音乐会、慈善义卖、远足露营等活动经常开展。

校园小景: 碑亭

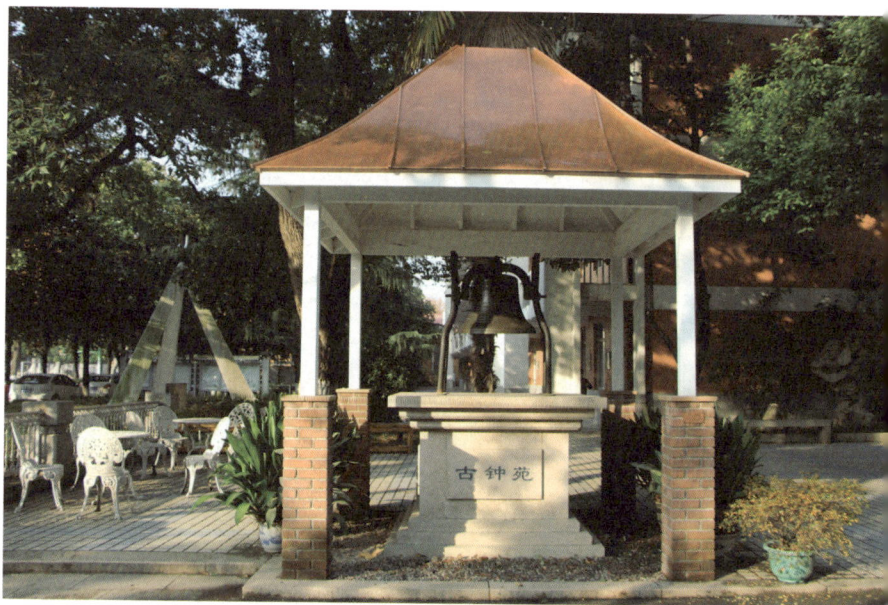

校园小景: 古钟苑

两所学校如此办学，都是基于"让学生更好地服务社会"的目的。

我们进行课程改革，应从优秀办学传统中去汲取营养。立德树人，要把培养"核心素养"放在基础地位。既注重学科基础，也关注学生个体适应未来社会和终身发展所必备的素养。为此，我们以生命教育为引领，在国家课程校本化实施和自主开发独立的校本课程体系上下功夫。

文："生命教育"有着怎样的内涵？

丁：我校是苏州市中小学生命教育研究与指导中心。我们认为，教育应以生命为本：孩子是一个鲜活的生命，每个生命都应该被尊重，都值得去呵护。尽管高中必须直面高考的压力，但我们的教育不能只为了高考那三天，还是要从学生生命成长的角度来考虑。三年里，我们希望通过为每个孩子个性定制的教育服务，提供更多书本外的东西，激励他们成长为"最好的自己"，让他们学会珍惜生命，热爱生活，最终成就美好人生。我们之所以开展科学教育和戏剧教育，也是基于对孩子天然具有的从事科学探究和艺术活动的倾向与能力的认识。实践证明，这些特色课程因为符合学生兴趣、满足其生命需求（精神需求）而受到他们的欢迎和喜爱。

那棵伫立在我校中心位置的近四百年的香樟树是一个传奇，它遭遇过雷击，三分之一躯干已坏死，但仍顽强生长着，而且它的一颗落在附近的种子如今也已长成参天大树。我和孩子们讲，这棵古树代表的就是五中之精神——伟岸独立、朴实沉稳、坚韧不拔。我希望经过三年的熏陶，这种精神能成为每一个五中学子的生命底色。教育的核心就是坚守，要耐得住寂寞，急不得，但也松不得，就像这棵树，任凭风风雨雨，只管持守己心，开枝散叶，荫庇众生。

（采访于 2015 年 9 月 23 日）

苏州市第十六中学校
涵养学科气质，培育核心素养

苏州养育巷坐落着南北两座颇有年头的基督教堂，其中北段位于古吴路北的救世堂，因其由红色方砖砌成，显得格外醒目。沿教堂北边的慕家花园弄往里数十步，便是苏州市第十六中学。若非深入了解这段历史，如今的苏州人恐怕多半都不知道，在一百二十多年前，这对咫尺近邻其实是由同一个教会所创建。

清光绪十五年（1889），美国基督教监理公会（后称卫理公会）女布道会派遣金振声女士来苏办学，始名"长春学堂"，后改名为"英华女校"。1951年，英华女校与纯一中学、社光中学合并为"私立苏光中学"，在英华女校原址上办学。1953年，改名为苏州市第二初级中学，1970年定名为苏州市第十六中学校。

自1904年以"英华女校"为名至今，学校一直在现址办学。百年来，校园规模虽有增减，校舍方位却一直没有变动，创苏州悠久办学史之不朽典范。一百二十余年漫长的办学历程，使学校积淀了丰富醇厚的人文底蕴，谱写了辉煌壮丽的育人诗篇，造就了一批彪炳苏州教育界的名师，走出了无数成为国家栋梁的优秀人才，成为一个耐人品味的苏州文化窗口。

苏州市第十六中学校长　唐曜

诗一般的校园风景

文汇雅聚（以下简称文）：单论近代新式教育，十六中要算苏州资历最老的一批学校之一了。

唐曜（以下简称唐）：这应归功于十六中前身之一的"英华女校"。英华女校由美国监理会的传教士金振声女士创立。1889年，金振声女士在景德路旁申衙前，租下明代状元申时行的一处旧居办学。学堂以义务性质的小学教育为主，仅招男童入学。后添设刺绣科，吸收失学女童入学，成为男女生兼收的学校。1893年，金振声将学校搬迁至长春巷，命名为"英华学堂"（又称长春学

堂），分女子部、男子部。课程仅设中文、英文及圣经三科。学校按西方思想与生活方式办学，鼓励男生剪辫子，女生放天足。

文：那"英华女校"之名始于何时呢？

唐：1903年，金振声在慕家花园小巷中，用教会的拨款购得一块曾同为申时行花园旧址的地皮。清康熙时，这里曾为江宁巡抚慕天颜所购，故称"慕家花园"。次年11月，新校舍落成。英华学堂女子部从长春巷搬迁至新校址，正式定校名为"吴县私立英华女子学校"（又简称英华女塾）。此时学校已初具规模，设小学部、初中部、针黹科、幼稚园，又附设幼稚师范科。1905年，学校有学生八十余人，设教务处、训育处、事务处。教会组成以外国人为主的校董会，校长金振声独掌学校行政。

文：学校当时主要教授哪些课程？

唐：当时实行的是小学（初级）四年、初中（中级）四年学制。至于课程科目的设置，小学有国文、英文、算术、公民、唱歌、图画、体育等，中学有国文、英文、数学（代数、几何）、理化、社会、格致、植物、生理卫生、音乐、

苏州百年老校

141

美术、劳作、体育等。学校注重英语教学，英文教材采用美国英文原本，并由外籍教员教授。

在慕家花园定址后，学校先后建办公楼、教学楼、教员住宅、膳堂、浴室、面包房等基础设施，还建造了供师生做礼拜之用的"救世堂"。校园内，浓荫掩映下的一幢幢欧式楼宇，洋溢着与中国传统校舍不同的西洋校园风格。女学生们在课余，或坐在绿茵茵的草坪上，或立于胡桃树银杏树绿荫下，或倚在长长的走廊间，读书、谈笑、嬉戏，构成了诗一般的校园风景。经数年发展，学校构成有中学、小学，兼有幼稚师范、附属幼稚园及慕道刺绣科的完整办学体系。

文：在 1922 年至 1927 年间，中国教育文化界发起的"非基督教运动"，对英华这样的教会学校产生了怎样的影响？

唐：最直接的影响，就是促成了国人校长的上任。迫于当时国内呼吁收回教会学校教育主权的舆论压力，许多教会学校的外籍校长都辞去了校长职务。1926 年，金振声请辞，改任学校顾问，由蒋石如玉女士出任首任国人校长。蒋石如玉校长上任后，确立"发展健全人格，养成良好公民"的办学宗旨，致力纯正校风，管理有序。学校办学声誉日增，学生数也逐年上升。1933 年，吴县举行首届小学毕业会考，英华附属小学取得了第一的佳绩。

含英咀华奕陶然

文：十六中的校训是什么？

唐：我们的校训"含英咀华"，是本世纪初期由时任校长顾苏云提出的，取自英华时期蒋石如玉校长组织撰写的《英华女校校歌》首句："快哉吾吴钟灵毓秀年复年，名媛淑女含英咀华奕陶然。"含英咀华本义即为读书吸取其精华，以此为校训，既有承袭"英华"传统之内涵，又表达学校愿得天下英才而育之以精华的办学目标。我们还邀请老校友、中国科学院院士吴传钧题写校训，以期彰之于后继学子，将英华传统发扬光大。

文：除了英华女校，十六中的前身据说还有一所男校？

唐：男校指当年的纯一初中。私立纯一学校创办于 1921 年，始为小学，校址初在通和坊。创办人为苏州雷允上诵芬堂药店总经理雷滋藩先生。为纪念其父雷子纯（号纯一），雷滋藩将学校命名为"纯一"，并自任校长。不久，雷滋藩逝世，由其长孙雷传钰继承办学。1925年，校址移至吴县前（今古吴路），改建为"私立纯一初级中学"，为男校。校长由雷家女婿彭嘉滋担任。雷传钰每年将雷允上经营六神丸的利润提取1%作为学校经费。1951年8月，纯一初中与英华女子初中、社光初中合并。

文：社光初中又是什么背景呢？

唐：社光初中建立于1948年底1949年初。前国立社会教育学院的部分毕业生有志办学，遂借十梓街原吴大澂祠堂为校舍。初办时，校名为"国立社会教育学院附设社光补习学校"，校长为汪畏之。学校以补习初中课程为主，经费仅靠学生缴纳的学什费支撑。1949年3月开学时，学生仅二十余名。4月苏州解放后一度停办，8月复学，定名为"苏州私立社光初级中学"。社光仅有一届毕业生，但师生在简陋的条件下坚持上课，受到人民政府和教育部门的表扬。

小火慢炖出学生的潜力

文：十六中今年刚开设的两个"英华班"有什么特别之处？

唐：这两个预科班招收的是小学六年级学生，这批学生会在这里读四年。将九年义务教育的小学六年、初中三年改为小学五年、初中四年，这种学制改革在北京、上海等地虽然已进行多年，但这种中小衔接项目在江苏省内苏州是首家，所以是建立在客观细致的调研、分析和科学论证之上的。从目前的情况看，六年级的教学内容并不多，尤其是最后一学期，大多是在反复复习；然而一进入初中，面对学习内容的猛增，课程要求的提高，学习习惯的转变，学生在短时间内很难适应。市教育主管部门经过长期慎重的考察，最终决定让我们成为江苏省首批试点学校之一。我们也深感任重道远。

在课程设置上，教育局鼓励我们百花齐放，不拘一格，试点各校可针对各自的情况进行独立探索。如果只是将多出的一年用于简单的初中教学内容前置，这样只会拔苗助长。我们认为，国家课程才是培养学生的关键，故而重点对国家课程进行拓展延伸。我们希望学生能在我们设计开发的国家课程中挖掘自身潜力，体验学习的乐趣，感受

小巧雅致的英华楼

成长的喜悦。初中四年里，这些学生将有更充足的时间去适应从小学到初中的诸多改变，去品味这些课程带给他们的收获。

文：英华班的教学效果如何？

唐：在教学过程中，我们对国家课程的教学内容进行了很多拓展和改变。例如，我们将初中才开设的生物、物理课的部分内容渗入科学课中；将英语教学分为三个板块：一是完成小学的教材内容，二是每周一个半小时的阅读与写作训练，第三则是聘请英国外教进行听力、口语、交际的教学，三个板块相辅相成，紧密联系；语文也是如此，为学生安排每周一个半小时的阅读和写作训练，并聘请知名国学大师授课。此外，还开设了武术、健美操、球类等文体活动课。这些课程的设置和校本化的实施，使学生的基础知识、人文素养及兴趣特长得到全面提升，也能帮助他们在初中繁重的学习到来前，预先熟悉一些初中课程，就像用小火把潜藏在食材中的美味慢慢炖出来一样，将学生的潜力和创造力诱导出来。

此外，我们还开设绿色通道，成立英华班家长委员会，定期安排家长开放日，让家长跟孩子一起体验各类课程，见证学生的快乐和成长。同时，对课程的实施效果进行跟踪，如定期对家长进行问卷调查，对学生进行心理跟踪调查等。目前来看，在这种课程设置下，家长都认为孩子能够快乐地生活、学习、体验、收获、成长，效果非常令人满意。

文：学校还有哪些特色教育？

唐：我们的特色项目首推国际象棋。老校友徐俊是国际象棋特级大师，每年都会回母校指导学生，与学生对弈。我们选择以棋养德，以棋启智，学校也几乎包揽近几年省级和市级比赛的冠军，使得国际象棋项目成为我们的一大特色。我们在初一年级每周安排一节国际象棋课；初二年级则开始挑选有潜力的学生，并聘请专业教练进行深度培养。自 2008 年起，我们在每个年级开设两个国际象棋班，这些学生展示出的优秀品质、骄人成绩以及强大的后续潜力，使得国际象棋班成为苏州小学毕业生慕名争读的班级。

此外，我校还是全国首批中德政府合作确立的"促进基础教育阶段劳技课教学项目"试点校之一，在该项目实施的十多年里，为我国

学校首任校长金振声

劳技教育的教学积累了宝贵经验。同时，我们也注重传承苏州地域文化，设有传承苏州地方民歌的吴歌传习所。我们为学生提供了近三十项校本课程，为传承优秀的文化，开发、培养全面发展的人才。

文：您认为一校之长该有怎样的情怀和襟怀？

唐：我认为，学生学什么样的课，将来就会成为什么样的人。好的校长，心中首先一定要有学生，其次则是注重教师队伍的发展。就像金振声校长，她是深入了解过中国文化的，所以才用孟子盛赞孔子的"金声玉振"作为自己的中文名，以表达自己的办学理想和对学生成人成才的期待。国外提倡全人教育，我希望我们今后能做"全课程""好课程"，如此，学生才能在品德修养、学习知识等方面至臻完善，成为"全人"和"好人"。课程是育人之本，学校之魂。所以，自去年来到十六中之后，我就认真做好一件事：用心搞课程规划，大力推行国家课程的校本化实施，既培育出学生的核心素养，也让老师在课程规划中找到基点，涵养学科气质。教育虽然不一定能马上显现出效应来，但我始终相信一句话："板凳坐得十年冷，教育要看十年后。"我们的课程一定能培养出德才兼备的优秀学子。

（采访于 2015 年 10 月 15 日）

苏州工业园区车坊实验小学
无痕教育是一门教学艺术

　　苏州工业园区车坊实验小学坐落于苏州独墅湖科教创新区，这是一所百年老校，因为她创建于1912年，至今已走过百年的风雨沧桑；这又是一所年轻的学校，因为她充满了生机和活力。承载着百年水乡的梦想，顺应园区教育现代化、国际化、均衡化、特色化的发展趋势，遵循"成就智慧的教师、快乐的学生、幸福的家长"的办学理念，践行"用爱心点亮爱心、用智慧启迪智慧"的办学宗旨，在"根植于吴淞，叶茂于四海"办学愿景的引领下，学校致力于常规管理、队伍建设、教育科研和特色打造，积极开发校本课程，努力积淀校园文化，不断提升办学内涵。1912年2月，上海人梅朗丞租赁镇西郭姓人家房屋一间，创办"车坊乡立第一初等小学校"，同时在镇东创办"车坊乡立第二初等小学校"。1950年，学校改名"吴县车坊中心小学校"，1968年中小学合并，更名为"吴县车坊五七学校"。1990年起，中心校搬迁到蔺谊西路，1993年车坊中心小学开始在新校舍上课。2004年10月，随着区划调整，车坊地区吴淞江以北地区（含车坊市镇）并入园区娄葑镇，学校更名为"苏州工业园区娄葑第五中心小学"，下辖南校区（由李家、金园、前荡等完小合并而成）和旺浜完小。2011年1月，学校成为园区第三批"达标升级"学校，由乡镇管理晋升为园区管委会直属学校，更名为"苏州工业园区车坊实验小学"。2015年12月车坊实小分校（淞泽校区）开始动工，2017年9月正式启用。

　　车坊实验小学以中国象棋特色教育、草艺特色教学为两大特色支柱，不断亮化大阅读、水八仙等特色项目，同时鼓号队、书法、乒乓球、魔方、空手道、体操、淞芽儿文学社等社团活动开展得如火如荼，学生综合素养得到全面提升。在家长眼里，这是一所值得信赖的学校；在学生眼里，这里是健康成长的快乐学园。

苏州工业园区车坊实验小学校长　徐斌

无痕，是教育的自然和谐

文汇雅聚（以下简称文）：您出版了专著《无痕教育》，什么是"无痕教育"呢？

徐斌（以下简称徐）：无痕教育，是指："把教育意图与目的隐蔽起来，通过间接、暗示或迂回的方式，给学生以教育的一种教育方式。"无痕教育的提出，虽来源于德育领域，但其所彰显的人性化和科学性光辉，足可指导一切学科教学行为。苏霍姆林斯基说："造成教育青少年困难的最重要原因，在于把教育目的在学生面前以赤裸裸的形式进行。""把教育意图隐蔽起来，

是教育艺术十分重要的因素之一。"无痕教育不仅是一种教育方式，更是一种教育思想，是一种教育心理学的规律和原则，是一种教育的美学和哲学境界，是一种对教育本源的追求。

文：作为数学老师，在小学数学教学中如何实施"无痕教育"？

徐：我所理解的数学无痕教育，是建立在数学教育的心理学、美学、哲学内涵基础上的一种教育境界，实施数学教育无痕，具有独特的实践意义和理论价值。数学无痕教育是让学生在不知不觉中开始学习，在不落痕迹中理解知识，在潜移默化中掌握技能，在春风化雨中提升思想。数学无痕教育，是一种理想的教育，是一种智慧的教育。无痕教育，无声无息，无缝无形；无痕教育，有情有理，有法有度。无痕，是一种教育的自然和谐。

文：人们常说"为人师表"，教师的言行举止对学生起着什么样的作用？

徐：苏霍姆林斯基曾说过："教师的个性如何塑造学生的个性。一个精神丰富、道德高尚的教师，才能尊重和陶冶自己学生的个性，而一个无任何个性特色的教师，他培养的学生也不会有

莲叶田田

任何特色。"教授课程，教态要亲切自然，绘声绘色地讲解，才能紧紧抓住孩子的童心。教师要时刻秉持儿童的天性，站在学科教学的新高度，让数学变得好玩、好看、有趣。并且，通过教师的教育智慧，把作为科学的数学转化为学科的数学，把作为文本的数学转化为过程的数学，从而把"学术形态的数学"转化为"教育形态的数学"，把"冰冷的美丽"转化为"火热的思考"，引导学生在无痕中学习数学和发展能力，获得丰富的情志体验。

教什么比怎么教更重要

文：您是何时开始走上教育之路的？现在还自己教数学吗？

徐：1987年的秋天，刚满十八岁的我从江苏省南通师范学校毕业，分配到江苏省首批免检的老牌实验小学——如东县掘港小学。很庆幸的是，刚到而立之年，我就被评为江苏省最年轻的小学数学特级教师。我是一个教育追梦人，我把教师分为现实主义、浪漫主义、理想主义等类型，而我就是教育理想主义者。机缘巧合，2002年园区星海学校

车小创办人梅朗丞像

面向全国招聘教师，我便追梦来到了苏州。为了追求更好的教育平台，我们这批教师由江北来到江南教学，这一现象被当时一篇报道描述为"孔雀东南飞"。在星海学校任教两年之后，教育局规划在园区金鸡湖东筹建一所全新的高水平现代化小学，我便被委派到园区第二实验小学任职副校长，一干就是十年。直到2014年，我来到车坊实小任校长。可以说我从教二十多年来，一直在教学的第一线，我连续进行过三轮一至六年级大循环数学教学，和完整的义务教育小学数学教材实验。每一次循环教学的经历都是美妙而难忘的，看着一个个六七岁的天真孩子从幼儿园走进小学，转眼间，他们已长成十二三岁的英姿少年。跟孩子们共同成长，和教材实验共同成长，与课程改革共同成长，每一年的教学实践都成了珍贵的回忆。

文：您认为"教什么"重要，还是"怎么教"重要？

徐：我常说："教什么比怎么教更重要。"数学课堂教学是一个动态生成的过程，教学时会有很多不确定因素，尤其是青年教师，教学时出现的情况有很大的偶然性。没有备课时的全面考虑与周密设计，

春日校园

哪有课堂上的有效引导与动态生成？没有上课前的胸有成竹，哪有课堂中的游刃有余？我们应该追求真实课堂的动态生成。所以，我从精心设计课堂的提问开始，对如何构建有效与智慧的课堂进行了一系列的研究。

文：您提出了"课堂教学三境界"，十分有意思，怎么理解呢？

徐：现代教育理念要求我们的课堂要让学生感受过程，习得规律，发展智慧。为了追求师生愉快的智慧之旅，通过三个不同时期教学《万以内数的读法》的案例对比，我总结了"完美无缺、精雕细琢""多层并进、快乐交流""真实有效、互动生成"的课堂三境界。真实的课堂应该摒弃演练和作假，有效的课堂应追求简单和实用，互动的课堂要讲求对话和共享，生成的课堂需要耐心和智慧。都说熟悉的地方没有风景，但是课堂这片传承和扩散知识的场所却是师生智慧与拓展的天地！

三生教育百年圆融

文：车坊实小为何以"三生教育"为抓手，作为学校教育工作的灵魂及学校教育的终极目标？

徐：学校立足百年老校的根基，不断求新求变求发展，致力于传统与现代的和谐、传承与创新的圆融，以"三生教育"为特色路标，在孩子们心中播下热爱生命的种子，教给他们学会生存的技能，培养他们创造生活的信仰，为孩子们打开一条路旁开满鲜花的阳光小道。在认真实施学校课程的基础上，学校积极挖掘教育资源，拓宽教育渠道，让"三生教育"教有依托，育有载体。建立了校内基地——梅园、校史陈列室、水乡博物馆，挖掘了校外基地——革命博物馆、肖特义士陵园、高教区纳米科技园等。通过开辟丰富多彩的课外教育基地，与学校的德育教育活动有机结合，贴近孩子年龄，走近孩子生活，让"三生教育"着地气，添人气，强心气，长志气。

文：为何将象棋与草艺作为学校着力打造的特色课程？

徐：陈毅元帅曾经说过，"棋虽小道，品德惟尊"，下象棋不仅要求学生有良好的身体素质，同时也可以培养良好的心理素质。本着"以棋辅教"的原则，学校坚持开展中国象棋特色教育，编写了校本教材《跟我学象棋》《"棋"乐无穷》，将中国象棋教育作为校本课程之一，在综合实践课程中开设象棋教学普及课，在社团活动中开设提高班，学校于 2014 年正式挂牌成为江苏省少年儿童象棋教育培训基地；学校的另外一个特色课程就是草艺课程。为了把这门古老而新颖的地方工艺传承下去，2010 年学校聘请苏州市第二批非物质文化遗产代表性项目传承人吴招妹来校开设草艺课程。在她的传授下，学校连续三年在苏州市国粹文化展评中获得特等奖的殊荣，还走进苏州德善讲堂进行乡土文化的传承与分享，2014 年学校还被联合国教科文组织亚太地区世界遗产培训与研究中心命名为"世界遗产青少年教育基地"。

文："三生教育"如何在校园里"开花结果"？

徐：校园环境文化具有导向、规范、激励、凝聚、塑造等作用，在校园文化建设中，学校非常注意提升文化内涵和层次，营造有利于"三生教育"良好的人文环境和文化氛围，因地制宜地建立了以家乡情怀、文学熏陶、综合素养为主题的三条文化连廊，营造浓厚的文化氛围，在各幢楼的每一楼层走道布置了童话、寓言、人物、诗词以及学生自己的书画作品。同时，在校园里精心布局了樱花林、红枫林、桂花林、紫薇林、梅园、果树园、香樟路，让一花一草描绘美好的校园生活。因陋就简，着力打造了科学园、生态园，还学生一片绿，换生命一路歌。践行"三生教育"，必须通过学生自己的参与和体验，注重情感与道德的内化过程，才能真正落到实处。学校每年都会开展丰富多彩的系列主题活动，如经典诵读、课本剧、小法庭、爱心义卖、校园节等。车坊实验小学这所百年老校焕发出勃勃的生机，是全校师生用信仰面对生活、用积极品味生活、用感恩善待生命、用智慧勇敢生存、用价值度量生活，共同谱写生命、生活、生存的教育篇章！

（采访于 2015 年 10 月 29 日）

苏州工业园区唯亭实验小学
让每一个孩子阳光自信

　　阳澄湖畔，草鞋山下，坐落着一所百年老校——苏州工业园区唯亭实验小学。学校始建于 1906 年，校名为"唯亭初等小学堂"，校址在唯亭镇东段。借园区高速发展之东风，于 2003 年搬迁至占地四万四千平方米的新址，并于 2013 年按照江苏省中小学教育技术装备标准 I 类实施改扩建工程，百年老校重新焕发勃勃生机。学校本着"让每一个孩子享受爱与智慧的品质教育"的办学理念，以"唯实求真"为校训，全心追求办学的美好愿景：让每一个孩子成为——人格健全，适应现代社会的快乐少年；知书达礼，具有传统文化气质的美德少年；奋发向上，爱学习、会学习的智慧少年。让每一个教师成为——积极向上，善于合作的阳光教师；博爱无私，儒雅朴正的美德教师；认真负责，终身学习的智慧教师。

　　1998 年至今，学校坚持培育书法特色，书法写字教育已成为学校办学的一张亮丽名片。学校先后获得"中国书法（写字）特色学校""中国特色教育示范基地""中国教育学会书法教育专业委员会书法教育示范学校""江苏省中小学书法特色学校（省教育厅）""苏州工业园区特色学校 AAA 级"等荣誉称号，同时，成为江苏省硬笔书法家协会实验基地、苏州市书法家协会教育基地。学校连续两次荣获江苏省书法写字教育先进集体。在江苏省教育厅组织评选的 2013 年教学成果奖评比（四年一评）中，学校的《深化校园书法写字特色的研究与实践》申报项目获得了基础教育类二等奖。2013 年 9 月，学校国粹艺术传承中心正式成立，拓展和延伸了原有的办学特色，成立了软笔书法、硬笔书法、国画、篆刻、剪纸、拓碑、扇艺、苏绣、吴方言、诗词楹联、国学（德善书院之"唯亭学堂"——苏州市文明办、教育局授牌）等十六个种类三十几个学生社团，加之其他素质教育拓展社团，学校社团总数已达六十余个。

　　2003 年，学校顺利通过江苏省实验小学验收，并先后获得"全国教育科研先进单位""江苏省文明单位""江苏省绿色学校""江苏省标兵红旗大队""苏州市教育现代化学校""苏州市特色文化学校"等荣誉称号。脚踏实地，仰望星空，唯亭实验小学正朝着特色鲜明、内涵丰富、社会知名、人民满意的办学目标大步前行。

苏州工业园区唯亭实验小学校长　陆林珍

教育的本质是培养人

文汇雅聚（以下简称文）：您认为什么样的学校才称得上"好学校"？

陆林珍（以下简称陆）：关于好学校，我有一个简单的想法，就是——每一个孩子都阳光自信的学校一定是好学校。教育的本质是培养人，培养身心健康、全面发展的人。我想，阳光自信的孩子未来一定能成长为这样的人，所以，这样的学校应该称得上是好学校。在学校的办学愿景下，我们实施了两项策略：一是创新评价制度，将原来只有个别学生才能评到的"三好学生"评价制度改成每个学生都能参与的"十星唯亭娃"评价制度，让每一个孩子都有获奖的机会，我坚信阳光、自信是在一次次成功体验中"炼成"的；二是拓展、丰厚学校书法写字教育办学特色。

文：学校的校训"唯实求真"怎么理解？

陆："唯实"亦即做任何事都要"实事求是"，"实事求是"出自《汉书·河间献王德传》。唯亭实小是一所百年老校，又是一所园区乡镇达标升级学校，有着许多客观的办学现状：外来务工人员子女较多，生源整体素质相对不高；教师队伍整体素质较好，但名教师、专长教师偏少。因此，不管是过去，还是现在，"实事求是"都将是我们必须遵循的言行基础。教育的真谛是在引导学生探求真知的过程中发展自我，完善自我。陶行知先生言："千教万教教人求真，千学万学学做真人。"真与善、美是联系在一起的，是人类追求的最高境界。"真"的前提是"实"。因此，我们倡导全校师生在工作、学习、生活中实事求是，脚踏实地。我们一切的教育行为要对学生负责，对家长负责，对教育事业负责，让每一个孩子享受爱与

学校体育馆

智慧的品质教育。

文：唯亭实小编写了《我是唯亭娃，我爱我的家》德育校本教材，当时是怎么会想到编写这书的呢？

陆：我与唯亭，确是有缘。出生于此，成长于此；像是一切注定的，离开过，又回来。所以，当 2011 年 6 月来到唯亭实小时，尽管这里的校园并不是我以前工作的地方，但熟悉的吴侬软语，熟悉的淳朴教师，静静流淌的娄江水，使我心中倍感亲切。唯亭的城镇风貌日新月异，望着这既熟悉又陌生的一切，作为学校的管理者，我会想到我们的小唯亭娃、新唯亭娃，了解唯亭的历史，了解唯亭的过去吗？而不了解自己祖先的创造，不了解自己脚下的这片土地，又怎么能爱上自己的家乡、爱上自己的家园呢？于是，我萌生了组织学校教师编写一本乡土德育校本教材的想法。这本德育校本教材共有八个单元，分别围绕历史、名胜、特产、民俗、教育、名人以及现在的建设篇章和宜居生活介绍了唯亭的"前世今生"。

"用品牌说话"时代将取代"用分数说话"时代

文: 作为区语文学科带头人、中学高级教师、苏州市优秀教育工作者,您认为对于一所学校来说最重要的是什么?

陆: 我前后经历过八所学校,原吴县跨塘中心小学、金阊区实验小学、苏州市平江区大儒中心小学、苏州市平江实验学校、苏州工业园区星海学校、苏州工业园区翰林小学,直至 2011 年任唯亭实验小学校长。经历这八所学校,我最大的感悟是,学校一定要有自己的办学品牌。学校品牌是一所学校在长期的办学过程中逐步形成并为社会公众认可、具有特定文化内涵和识别符号的一种无形资产,它反映出学校内在的优秀品质,并表现为公众对学校的认同度、美誉度和忠诚度。对于学校发展来说, "用分数说话"的时代必然会让位于"用品牌说话"的时代。学校一旦树立良好的办学品牌,必将促进学校良性循环,获得更大的发展空间和舞台。

文: 如今,书法写字教育已然成为唯亭实小办学的一张亮丽名片,学校具体是如何来做的呢?

陆: 学校把书法写字教育定为办学特色做了四项工作。首先是师资保证,学校坚持"人人都是写字指导教师"的理念,要求所有学科的教师都要认真练字,同时督促学生养成"提笔即是练字时"的好习惯;其次是教材保证,依据学生身心特点和认识事物的规律,遵循循序渐进原则,配套了诸多校本教材;再次是时间保证,我们立足三块阵地——语文课、午间活动、课后书法兴趣班,尤其是每天中午二十分钟的时间,全校所有班级、所有学生集中练字;最后是考评保证,学校制订了面向全体学生的硬笔书写评级要求,同时我们也积极参加江苏省教育考试院组织的书法考级工作。"四个保证"使我校的书法写字教育特色在短短的三四年时间里迅速形成。

文: 办学特色的培育、办学品牌的建设都离不开先进办学理念的引领,学校提出了哪些理念呢?

陆: 学校将课题研究与特色培育有机地结合起来。2002 年,学校开展了市级课题《写字教学的育人功能》研究,提出了"字端人正"的思想和理念, "端端正正写字,堂堂正正做人"的育人要求深入每一个学生心灵。2007 年,省级课题《小学生良好写字素质培养的研究》

苏州市书协主席华人德先生题写的唯亭实验小学校训"唯实求真"

开始实施，提出了"写字教育促进学生人文素养全面提升"的思想和理念，明晰了书法写字教育与素质教育的关系。我们认为，写字与书法是既有区别又有联系的。写字是一项基本的技能，在写字的过程中对汉字进行艺术地加工和美化就成了书法。书法的艺术性决定了书法写字教育不仅是技能训练，还具有内在价值。书法写字教育，可以全面提升学生素质，深入推进素质教育。

让墨香雅韵时刻浸润师生心灵

文：唯亭实小是何时开始改扩建的？

陆：2012 年 7 月，学校启动改扩建工程，全面营造学校艺术教育氛围。一方面，校内各类教育教学与活动设施、专用教室齐全，现代化、信息化的教育教学设备堪称一流，为学校艺术教育活动的开展奠定了坚实的物质基础；另一方面，学校重新规划、布置了校园环境，打造艺术教育氛围，充分发挥环境育人功能，让学生时刻接受潜移默化的艺术熏陶。改扩建工程目前已竣工，求真书院、国学馆、书法长廊、书画教室、书画陈列厅，处处体现着苏州园林艺术元素以及浓郁的墨香氛围，给人以美的陶冶、美的享受。

文：学校建筑充满传统文化气息，具体有哪些建筑呢？

陆：如"国粹艺术传承中心"，精致的苏式圆洞门，古朴的走廊顶部木质挂落，给人以典雅的审美享受；同时，中心每一个专用室场的环境布置，则给人以古朴优美的国粹艺术视觉冲击。漫步在学校"经典诵读艺术长廊"，脍炙人口的唐诗宋词元曲，历代名家吟诵苏州的名篇佳作，《论语》中的经典篇目，无不给人以深刻的审美印象。书法艺术长廊中，汉字演化、历代书家碑帖、书法家故事等传承着中国书法文化的经典，润养着师生的胸怀。书画陈列厅中琳琅满目的名家及校友作品，教师与学生作品，西安碑林、苏州碑刻博物馆拓片展让人感受到浓郁的墨香氛围和传统文化气息。"音乐表演艺术长廊"中，中外著名音乐家的肖像、中外乐器介绍、表演艺术种类介绍、我校学生参加各种音乐艺术表演介绍，引得不少孩子驻足观看，点亮了孩子们的艺术梦想。

校史陈列厅

文：校园里处处可见的书法文化石，这些墨宝来自何处？

陆：我校的校园环境布置设计，注重营造与办学特色相符的墨香雅韵氛围。学校的校名是前中国书协主席沈鹏所写，北校门入口处的大型文化石上镌刻的是苏州市书协主席华人德先生题写的校训"唯实求真"，唯新楼北墙上的学校办学思想、办学理念以及学校图书馆"求真书院"匾额是我校校友、园区书协主席钱玉清先生所写，而学校所有的楼宇名称则是校友、苏州市书协副主席张少怡先生所写。除"唯实求真"石外，学校庭院、绿化带内还散布着二十余块刻字的文化石，其书家，既有谭以文这样的名家、大家，也有学校教师。而学校教学楼所有长廊上的名言警句宣传牌，全部都是学校教师、学生的书法作品。

（采访于 2015 年 11 月 12 日）

苏州工业园区跨塘实验小学
教育因智慧而美丽

苏州工业园区跨塘实验小学始建于1912年，扎根在拥有六千多年历史的良渚文化的沃土上，是一所拥有深厚历史文化底蕴的百年老校。1912年，清末秀才张洛英创办了唯亭乡立第二初等小学校；1928年，学校更名为跨塘初级小学校；1949年，时任中科院院长的郭沫若为学校题写校名"跨塘中心小学"。

近年来，随着苏州工业园区的大开发，跨塘实验小学进入到建校以来发展最好最快的时期。学校现有高浜和虹桥两个校区，教学设施精良，环境优美，以古韵今风为主调，主题区域的木槿园、木兰园、木槿园各具特色，澄阳大道充满朝气，吴韵长廊与吴文化少年宫浑然一体……浓郁的吴文化氛围，不仅散发着翰墨书香的古韵美，更展现着创新发展的现代美。

百年来，学校从一所简陋的乡镇学校华丽变身为现代化的实验小学，成为区域内一所声誉好、特色明、品位高的现代化小学。

苏州工业园区跨塘实验小学校长　俞清

城里秀才乡下办学

文汇雅聚（以下简称文）：一百多年前，学校是在怎样的背景下成立的？

俞清（以下简称俞）：学校成立于1912年，正值民国初年。苏州城里的一位秀才张洛英，擅诗词，在民国建立后，接受了新学思想，迤迤然来到苏州城外的外跨塘，游说地方人士集资创办小学堂，校址设在周孝子庙内，教室为庙后院的两间平屋。初创时期只有一个班级，一名教师，二十来名学生。学堂条件虽然简陋，仍开设了语文、算术、自然、体育、美术等学科，让本地的孩子第一次接受到正规的教育。

文：学校经历过哪些变迁？

俞：1921年，吴县成立，学校归属于吴县管辖，成为公立学校，并改名为"吴县县立跨塘初级小学校"。新中国成立后的1951年，学校又改名为"吴县跨塘中心小学"。"文革"期间，学校受到冲击。"文革"后，校名恢复，直到工业园区成立，学校经历三次搬迁，从最初的娄江河边搬到了现址（高浜）。

文：一百多个春秋代序，就一所普通的乡镇学校而言，一路走来想必很不容易吧？

俞：每次翻看学校的历史，给我触动最大的还是本地政府和老百姓对于教育的支持。特别是1950年至1977年间，是学校最艰苦的时期。没有校舍，就拿庙宇、民房、生产大队废弃的房子做教室。没有课桌椅，学校想办法置办一些，群众出一些，学生再自带一些，所以课桌都是大小不一的。老师也辛苦，因为教室分散在各个村落里，所以一个班的所有学科往往由一个老师教。除了教学，老师还要为村民扫盲，甚至走家串户动员女孩读书；这些老师大部分是从苏州市里派来的，当时学校没有食堂，只有一

虹桥校区澄阳大道

个小灶头，只能自己烧点简单的饭菜。条件虽然艰苦，老师的工作热情却很高，处处体现着乡村教师的淳朴、爱心和责任。

办孩子家门口的好学校

文：学校是如何从一所乡镇学校变身为现代化实验学校的？

俞：作为园区的乡镇学校，学生中随迁人员子女的比例很高，因而学生流动性极大。五六年前，不少学生家庭都是租住在车库和阁楼里的；个别家长由于忙于生计，流动频繁，有时招呼不打就带孩子回老家了。这种现象似乎无可厚非，但究其原因还是当时的学校没有得到老百姓的认可。我一直认为，无关乎家长的教育层次，他们对子女教育成长的需求都是一样的，都希望自己的孩子得到优质的教育资源。如果学校声誉好，教学质量高，家长为了孩子也会相对稳定下来的。因此，为了营造良好的家校互动环境，同时体现教育的公平性，学校服务到位、宣传到位，并严格执行上级有关招生政策，对符合"一年

虹桥校区木樨社

三稳定"的学龄前儿童采用进社区、进幼儿园做好先期充分调研，统一招生期间，经过家长培训、登记报名、核准材料、现场踏勘等一个个环节后进行公开、公平、有序的录取，得到了百姓的认可和支持。通过几年的努力，学生流动性大的问题得到有效缓解。

近两年，随着入学儿童人数暴涨，学校充分挖掘潜能，克服学位资源紧缺、班容量大等重重困难，尽可能满足周边老百姓的入学需求。2013年，在上级主管部门的关心支持下，学校抢抓机遇，获得了虹桥校区原地重建的立项，不到两年时间，一所设施设备精良的新校拔地而起。随着学校的硬件设施、教师的流动机制逐步发展成型，通过先前的达标升级，跨塘实小已然成为一所老百姓认可的现代化小学。这其中有自上而下的政策支持，也归功于自下而上的师生对学校的归属感。

文：学校现在有哪些特色教育？

俞：我们的特色很多，有体育、吴文化等教育课程，其中以吴文

虹桥校区校门

上世纪60年代跨小庆六一

1952年，跨塘中心小学部分教师在阿太堂学校门口的合影

阿太堂

化课程最为突出。学校是有灵魂的地方，需要文化的滋养与接力。我们开设吴文化课程，主要是出于"新苏州人"对吴文化还缺乏了解的考虑，希望在潜移默化中，达到弘扬吴文化、提高学生涵养的目的。现有昆曲、评弹、桃花坞木刻等课程，还自编了校本教材《吴文化一百课》，有课时、有教材、有课程引领、有专题论坛，还有社会实践互动、奖牌奖杯，更有着广泛的社会影响。我们还联合新加坡的友好学校，借着相互交流学习的契机，适时地将吴文化推出国门。因为我们深知，国际交流也要基于我们自己的文化。

学校文化是生生不息的，会在每一个学子身上打上烙印。正如学校一百年前"真实、开明"的校训，我们会秉承乡镇学校淳朴务实的教育特色，努力办成"孩子家门口的好学校"。

文：学校的"木樨课程"又有哪些具体内容？

俞："木樨课程"是刚开始启动的更进一步的课程项目，包含学生课程、家庭课程和教师课程。学生课程包含国家课程和校本课程；教师课程包括新入职教师的培训课程、骨干教师课程、年轻后备干部的培训课程。我们将《吴文化一百课》融入语、数、外等国家基础课

昆曲在校园

木刻年画传承人房志达先生在指导孩子

世遗文化节评弹表演

书法兴趣班

1989年杨家门小学教师合影

上世纪80年代学生庆六一

程中，每周安排固定的课时，同时还制定了相应的课程标准，将教案、课件发布内网共享，提高了效率，优化了校本教材与国家基础课程的结构。近期，我们正在着手开发《吴文化一百课》的微课程制作，利用先进的信息技术提炼校本资源精髓，打造智慧校园共享平台，让学生和家长在家也能学习吴文化。家庭课程则实现了家校互动，比如由家长自发组成志愿者队伍，参与学校食堂、图书馆、校门口志愿者岗位的管理、监督等。

为了做好"木樨课程"，我们聘请了苏州大学吴文化研究院的专家做顾问，将原本散乱的知识点进行了整合，使吴文化课程与国家课程相结合，在多门学科和各种活动中渗透吴文化。之所以取名为"木樨课程"，一是因为木樨（桂花）是苏州的市花，二是受到北京师范大学"木铎金声"纪念碑的启发，"木铎"比喻像孔子这样宣扬教化的人，取名"木樨课程"，正是表达了学校对教书育人的不懈追求。

做一个放风筝的人

文：您是如何与这所学校结缘的？

俞：2011年6月，我通过竞聘上岗来到这所百年老校。很幸运，上任之初就赶上了百年校庆。为了办好校庆，在挖掘校史资料的同时，我一直在思考学校今后发展定位的问题。当时，高浜校区配套设施还比较规范，但虹桥校区很破旧，连像样的操场和食堂都没有。我觉得，两个校区无论如何都应该同步发展，不能厚此薄彼。于是，以百年校庆为契机，首先提升学校的声誉——当时周边很多老百姓甚至还不知道我们是一所百年老校。随后，在园区管委会教育局的支持下，原地重建虹桥校区。学校面貌发生了翻天覆地的变化，所幸各项事业稳步推进，逐渐得到了老百姓的认可。

文：在这样一所百年老校，您会坚持怎样的办学理念？

俞：最本真的教育才能经久不衰。我们谈教育，最终还是要归结到教给孩子什么。陶行知说："千教万教教人求真，千学万学学做真人。"很朴实，却是很本真的理念。所以我认为，小学阶段最重要的还是培养学生求真务实的品格。百年前，张洛英校长就确立了面向普通老百姓的平民教育理念。我们会传承这份朴实本真的传统，致力于

新加坡姊妹学校浸濡访学

高浜校区生态池

为本地老百姓服务。"适合的才是最好的",我们做教育,还要切合学校的实际。因此,在日常教学工作中,我们又主张"切实教育"——只要合乎我们的发展规律,切合我们的发展实际,都能通过切实可行的方法引导学生和学校共同成长。

我们的校园雕塑是一个木槿花状的火炬,名叫"融"。这个名字正体现了我们的特点,因为我们海纳百川,汇集了来自五湖四海的孩子,有一颗包融万事万物的心。希望跨小的孩子能像木槿花一样,迎着朝阳一朵接一朵地盛开,散发出生命的清香。

文:您觉得身为一校之长,该具备怎样的品质?

俞:教育因智慧而美丽。作为一名校长,既要做勤劳的小蜜蜂,更要做一个类似于放风筝的人——眼中有天空,心中有目标,手里有分寸,脚下有土地!用心规划学校的未来,踏着实地,放飞理想,在继承百年老校优良传统的同时,进一步创新发展。前路漫漫,然而正如我们的校训所言:"积极进取,永无止境。"

(采访于 2015 年 11 月 25 日)

苏州市沧浪实验小学
让每一位学生享受优质教育

苏州沧浪地区自古即以"人文荟萃，风物清嘉"著称，素为苏州的文教沃土。清末苏州教会学校的兴盛，即始于天赐庄一带，在开近代苏州女子教育风气之先的同时，也逐步实现了从小学、中学、中等职业技术学校到大学的教育体系。揆诸历史，苏州沧浪实验小学的前身之一，即为西方教会在这一时期（1902）创办的景海女塾。至稍晚的1906年，著名教育家王谢长达女士则创办了私立振华女学。1958年，这两所学校的小学部合并，成立苏州市沧浪小学，后更名为沧浪区实验小学校，并列为区重点小学。

历经几代人的努力，学校积淀了优秀的教育思想、管理理念、办学风格和教学精髓，并把重心放在提高教育质量、深入内涵发展上，发展为省级实验小学、全国青少年文明礼仪教育示范基地、江苏省基础教育课程改革先进集体等。学校现占地两万多平方米，含五十七个教学班，在校生近两千四百人。现有高级教师三人，一级教师百余人；以人民教育家培养对象（省特级教师）为首的骨干教师占50%左右，其中名校长（名教师）一名、全国优秀教师两名。一百多年来，毕业生中涌现出一大批活跃在各个历史阶段、社会不同领域的知名人物，如著名社会学家费孝通，中科院院士王守武、王守觉昆仲等。

苏州市沧浪实验小学校长　沈俐

硕果仅存的文脉

文汇雅聚（以下简称文）：百年长青的沧小，可追根溯源至何时何人何地呢？

沈俐（以下简称沈）：学校最早可追溯至清光绪二十八年（1902）美国基督教监理公会成立的苏州景海女塾，首任校长为美国人贝厚德。由于基督教监理公会于1892年在上海成功创办中西女塾，其校长海淑德女士便有意在苏州也创办一所女子学校，遗憾的是，学校建立起来时她本人已经去世（1900），而她在中国献身女子教育长达十七年，为纪念她，新学校便取名为"景海"，

意为景仰海淑德。景海女塾位于天赐庄，分初、中、高三阶段，学制为十二年，其中前六年为小学课程，后六年为师范课程。

民国五年（1916），改名为景海女子师范学校；民国十六年（1927），经历教育界的"非基督教运动"后，国民政府收回教育权，组织校董会，选江贵云担任校长，另设西方顾问。小学部对外则用"景海实验小学"校名。

文：景海女师在近代教育史上的影响力体现在哪些方面？

沈：景海女师安排有国文、英文、算术、理化、钢琴、体操等课程，设有音乐师范科、高中师范科、幼稚师范科三个科，另附设幼稚园。重点培养幼儿教育师资，教材、设备、教法以及儿童活动内容均参照美国幼儿师范，对中国幼稚师范教育影响较大。

作为景海的首任国人校长，江贵云为吸纳更多青年女子入学，转变面向社会上层的办学理念，降低学膳费，各科也转用中文授课。学校聘请了一批名师，比如著名女作家苏雪林、幼儿教育专家赵寄石、苏州作家程瞻庐、侦探小说家程小青、孙中山的英文秘书吴弱男等。雄厚的师资力量造就了一批新式知识女性，如

精致典雅的校园一景 —— 紫藤廊

与世界冠军校友零距离接触

传统体育项目竞技

北京女子师范大学校长杨荫榆，南京金陵女子大学校长吴贻芳，翻译家、第一位在《新青年》上发表文章的女作家薛琪瑛等。

文：那景海女师的文脉有没有延续下来呢？

沈：1951年，景海女师由人民政府接管，改名苏南幼稚师范学校。次年，由于全国高等院校调整，东吴大学改名为江苏师范学院（苏州大学前身），景海女师并入苏南新苏师范学校；初中部由私立振华女子初中接办；小学部则由江苏师范学院领导，改名为江苏师范学院附

景海女塾首任国人校长江贵云女士

属小学，1956 年又与江苏师院脱钩，改名"苏州市天赐庄小学"。

景海女师原来的初、中、高三部分彻底分离，只有小学部仍留在天赐庄原址办学。从这个意义上讲，我们可以说是景海女师硕果仅存的文脉了。

审时度势的强强联姻

文：学校的校训是什么？

沈：我们的校训为"质朴、致远"。1958 年，天赐庄小学和振华小学（原振华女中附小）的强强联姻，孕育出我们的校训核心：诚、朴、仁、德。民国时期，振华小学一直以学风严谨、学业优良著称，一向重视品德教育，坚持"质量立校"，教学管理十分严格。

我们以"质朴"为训，即是对学校传统的传承。"质"字于此，既指人的本性，又强调了学校以"质点"（个体的人）、"优质"（文化育人的效果）为前提；"朴"原指没有细加工的木料，引申出本真、

忆当年，风华正茂

百年沧实小

天质、源点之意。"质朴"寓指纵使历经风雨，沧小学子依旧不忘初心，恪守人的本分，洗尽铅华，抱朴守真。

"致远"是在传统之上的发展，是与现代苏州的城市精神相一致的，即凝神、致力于远大理想，这是时代赋予学校的新要求。学生层面，指从小树立远大的志向，通过努力达成远大的梦想；学校层面，指沧小教育要有远大的方向，立足当代，放眼未来，一切为了学生身心健康发展，为学生的美好未来打造坚实的基础。

文：说到振华女校，它与沧小的渊源如何？

沈：私立振华女学创办于清光绪三十二年（1906），原名苏州私立振华女子两等小学堂。由王谢长达女士赁屋于严衙前东小桥附近戴家弄口（今十梓街74号）顾姓民房为校舍，取振兴中华之意，定校名为"振华"，设中、小学两部，专收女生。后因王谢长达校长年老，由其三女王季玉接理校务。1928年，中学部迁入旧织造署（即今之苏州十中及其所在地），小学部留在原址。是年，小学部与中学部开始

校园旧貌

分办，对外称私立振华女子中学附属小学。1956年，由人民政府接管，更名为苏州市振华小学校。

提及王季玉校长，她可算是一位关键人物。1956年，天赐庄小学脱离江苏师范学院后，仍在景海女塾旧址办学，而江苏师院因发展需要，希望天赐庄小学迁出，因此愿出钱为小学另外觅地建校。时任振华女中校长的王季玉闻讯，提出愿捐献东小桥下塘16号的王氏空地十余亩，并要求天赐庄、振华两所小学合并。达成协议后，最终促成了沧浪小学的诞生。

文：这么看来，沧小跟如今苏州十中的渊源也是极深的。

沈：是的，我们现在仍是隔巷相望的邻居。当初景海女师的初中部先已并入了振华中学，随后王季玉校长审时度势，再亲自促成了两所女子学校小学部的联姻，真的是功德一件。我们因为迁过校址，没能继承下什么文物遗迹。原先，振华女中附小是在旧织造署东北角新建的校舍内办学（孔付司巷5号），后与天赐庄小学一同迁入新校址，而振华小学的原址则成为如今我们幼儿园的所在地。至于景海女塾，其遗址现在仍完整地保留在苏州大学校园内，是苏州市文物保护单位。

让每一位学生获得快乐成功

文：学校有哪些特色教育？

沈：为发展学生特长，学校实施了"二体一艺"。我们是一所以乒乓球为特色的江苏省体育传统项目学校，由此确定乒乓球技能学习是必选项目，另一门体育项目自选，还有一门艺术项目，则推荐版画艺术与学生自主选择相结合。为此，学校在每星期的体育课中，安排一节课讲授乒乓球技能，并编印教材，安排专职教师。另一门体育特长和艺术特长项目，学校则提供条件（如朗诵艺术培养等），进行平时训练与定期测试评价。我们开展这样的特色活动，是希望给每位学生提供多元选择的空间和平台，提供展示才能的机会。百年来，学校培养出了原国家体育总局局长、女排奥运冠军教练袁伟民、羽毛球奥运冠军张军等优秀校友。

文：学校提出的"双优文化"有着怎样的内涵？

沈：我们承继学校优良传统血脉，让学生浸润于优质教育，逐渐

课堂旧影

私立振华女学小学部幼稚园第三六级毕业生留影

1956年苏州市天赐庄小学二年级全体师生合影

形成、丰润了"双优文化"品牌，赢得了较好的口碑。"双优"，即优教优学。优教，体现在教育宗旨上，就是一切为了学生、高度尊重学生、全面依靠学生的教育理念；反映在教育观念上，就是尊重学生独特的个性、尊重学生间存在的差异、尊重学生自我发展选择的教育目标与要求；表现在教育行为上，就是关注教育细节、选择教学方法、满足学生需要的教育措施与过程。优学，就是要倡导和培养学生选择、掌握适合自己发展的科学学习方法，并突出自我学习、自主探究。

文：具体是怎么做的？

沈："双优文化"具体表现在五大主题文化和一个特色文化上：校训主题文化、细节德育主题文化、高效课堂主题文化、家校科技主题文化、班级特色主题文化，以及"天赐特色文化"。

百年来，我们积累了深厚的德育经验和资源，自创了"细节德育"教育模式，把德育的大概念大目标融入在养成教育的过程中，并从细微处着眼，有层次、循序渐进地把养成教育渗透于教育教学的各个环节，让每位学生以《沧小家训20礼》为准则，相处相融，追求成为一名合格的"天赐娃"。

我们发掘学校的地域文化——"天赐庄文化遗产"，让学生在了解天赐庄历史文化的同时，汲取富于时代气息、校园韵味的天赐特色文化。由老师带领学生参观景海女塾、圣约翰堂旧址，领略学校历史，浸润学生思想、陶冶学生品格。

此外，我们还致力于推进精致的课程改革，从学生评价入手，关注学生过程性、发展性、激励性、个性化的评价，持续不断地唤醒、启迪、激扬每一个生命。我认为，好的学校就应该让每一位学生都能享受优质的教育，让每一位学生获得快乐成功。相较于整体，我们更关心每一个个体，让"优教优学"如阳光普照，惠及每一位学生。

（采访于 2016 年 3 月 29 日）

苏州市东中市实验小学
不求人人为名师，但求堂堂为好课

苏州市东中市实验小学创办于1913年，是一所充盈深厚人文底蕴、洋溢浓郁文化气息、拥有鲜明办学特色的省级实验小学。

百年东旭，"宁朴勿华"彰显了它舍弃浮华、追求简朴的理念，蕴含了它传承创新、继往开来的智慧。今天的东实小，似东升旭日般生机勃勃，风景无限。东实小人追求着朴实无华的品质，博学多才的素养，沉稳端庄的气质，自由和谐的胸怀。扎根于平江教育古韵今风的沃土，感受着平江教育现代开拓的脉搏，苏州市东中市实验小学孕育着思想，激荡着智慧，彰显着活力，一路前行，一路高歌……

苏州市东中市实验小学校长　徐倩

百年校训　宁朴勿华

文汇雅聚（以下简称文）：作为一所百年老校，东中市实验小学成立于何时？

徐倩（以下简称徐）：东中市实验小学坐落在苏州古城区中心，其前身为私立钱业小学，创建于1913年，迄今已有一百余年历史。当初学校由钱业界同人集资筹建，特聘名儒钱冠瀛先生担任首位校长，并延聘博学良贤之士担任各科教员，悉数招收钱业同仁子女。1916年，钱校长谢世，续聘宋友裴先生担任校长。经宋先生及全校教职员工同心协力，艰苦经营，学校声誉与日俱增，

教育水准在当时姑苏城中堪称一流。其时，学校以儒为宗，校风纯正，所教学生国学根底扎实，在当时诸校中首屈一指。同时，校方崇尚勤俭，摒弃奢华，至今原校门遗址砖墙门额上"宁朴勿华"四个大字依然历历在目。

文：遗址砖墙门额上"宁朴勿华"四个字至今还为学校校训吗？

徐：是的。"宁朴勿华"由学校的创始人钱冠瀛先生于建校之初提出，延续了近百年未曾改变。"宁朴勿华"是东实小学校文化的核心，亦是学校的灵魂，劝勉和激励着一代又一代的东小人一路求索。即便是离开学校多年的人，也都将"宁朴勿华"四字铭记在心。"宁朴勿华"四字校训，以古衡之，源于传统；以今视之，又有新意。她引领着学校的办学方向，熏陶着师生的言行举止，展现了学校的外在形象，提升了学校的办学品位，更凸显了百年东小深厚的文化积淀和丰硕的办学成果。东小人将继续循着"宁朴勿华"的校训，一路前行。

文：学校是何时更名为苏州市东中市实验小学的？

徐：战争年代，学校横遭破坏，历尽沧桑，乃至新中国成立后方获新生。新中国成立后，学

古朴的长廊

校由钱仲鹿先生继任校长，1956 年改为公办学校，更名为"苏州市东中市小学"，1959 年改名为"桃坞区寄宿制学校"，时设六个班，学生两百四十人，教职员工十八人，时任校长濮秀云。1962 年寄宿生并入苏州寄宿制小学校，复名为"苏州市东中市小学"。"十年动乱"期间，学校曾更名为"井冈山路小学"。1981 年 9 月，定名为"苏州市东中市中心小学校"，2000 年通过街坊改造，地块置换，学校与原中街路小学合并，建成如今较大规模的省级实验小学。

东旭校园　东旭少年

文：东中市实验小学拥有哪些自己的特色？

徐：学校用扎实的办学路子、科学的教育教学方法、显著的办学特色和丰硕的教育科研成果，赢得了社会的广泛赞誉。近年全面梳理了办学特色脉络，形成了"进一步加强办学特色建设规划"，并按规划逐步通过东旭少年警校、东旭博物馆之旅、苏式民俗社团等系列特色活动，将学校的办学理念、文化积淀和发展愿景融入师生生活的方方面面，并通过研究、开发、实践、积累，形成了能够将办学特色课程化的相关校本教材，如《东旭小交警》《朴华集》《东旭小百灵》等。

拥有百年历史的老校门

悦目亭

文：学校特色品牌项目"东旭少年警校"创办多久了？

徐："东旭少年警校"于 2004 年创办至今，培养了一批批优秀的少年儿童。同时根据学校实际，专门编排了小交警指挥韵律操、小交警之舞等特色文化项目，使小交警校园文化特色与艺术特色紧密结合，微电影《小小交警梦》获苏州市优秀校园电视节目一等奖，全国优秀校园电视节目"金犊杯"二等奖。"东旭少年警校"获"2012 年江苏省少先队文化建设特色品牌项目"。

文："东旭博物馆之旅"活动又是如何开展的？

徐：学校创新打造的"东旭博物馆之旅"活动以参与、体验、志愿活动、手工艺作坊等形式带领学生走进各大博物馆，走近历史，传承文明，寻访吴文化的根。此活动获"2012 年苏州市德育创新案例三等奖"，学校成为首批"家在苏州 e 路成长——未成年人社会实践活动创新示范学校"。

一支特别的姑苏区温馨团队

文：学校有一支特别的队伍被评为"姑苏区温馨团队"。

徐：的确。在苏州东中市实验小学的校园里，活跃着"东旭中队辅导员驿站"这样一支心理辅导队伍。团队由三十五名女教师组成，为全校学生开展心理咨询、心育辅导、情绪疏导、公益活动等，在学生们的心中有着独特的亲和力，孩子们有什么心里话都愿意和她们说。她们和风细雨般的言语，安抚着孩子们的心田，她们像盛放的玫瑰在校园里散发着温馨柔美的芬芳。2014 年，这支队伍被评为"姑苏区温馨团队"。

文：学校有哪些社团活动？

徐：学校充分发挥体艺学科课堂教学主阵地作用，不断建设课外体艺兴趣活动和社团活动。学校关注体艺 2+1 工作，制定切实可行的实施方案。并组建《扬子晚报》小记者团和耦耕文学社，让学校的小记者们积极参与校内外各类活动，从学生角度进行新闻报道，让学生在活动中得到锻炼。我们还设立了小蜜蜂俱乐部活动，成立了铜管乐、合唱、舞蹈、戏曲、民乐、泥塑、剪纸、书法、绘画、卡通、航模、

东中市实验小学校训"宁朴勿华"

实验室

计算机室

音乐教室

机器人、跆拳道、射击、排球、田径、武术等十多个苏式民俗社团，开展多层面、多形式的综合素质实践活动。不断丰厚校园文化内涵，学校特色日益彰显。

文：作为一所百年老校，学校对老师有怎样的期待？

徐：学校坚持以科研为先导，通过科研教研带动学校师训工作，学校省级立项课题"引导学生自主创新学习模式的研究"取得阶段性成果，下设的五个子课题正在深入研究进行中。学校科研组成员通过定期研讨、交流，对深化学校教学改革起到了积极推动作用，一批中青年教师在科研活动中脱颖而出。我们的口号是："不求人人都是名师，但求堂堂都是好课。"

（采访于 2016 年 4 月 6 日）

苏州市山塘中心小学校
开创学生自我成长的最大空间

　　会馆，是明清时期兴盛起来的一种地缘性的群体组织。彼时，苏州阊门外山塘街一带工商业发达，史料描述为"五方商贾，辐辏云集，百货充盈，交易得所，故各省郡邑贸易于斯者，莫不建立会馆"。苏州的会馆曾盛极一时，先后建立会馆和公所逾百所，数量之多、涉及地域之广，除京城外，几无出其右者。

　　会馆作为同乡人士的活动组织，不仅有利于联络同处异地的乡党感情、维护自身利益、经营慈善，也能就近集资办学，既解决了本籍子女在异地上学难的问题，又在客观上推动了客地的教育发展。民国元年（1912），一位毛姓先生便在"姑苏第一名街"——山塘街的会馆弄内创办了一所小学，招收粤籍子弟，因人数不足，兼收苏州本地的学龄儿童，此即山塘中心小学之肇始。后又历经圣公会学堂、私立惠群小学、镇立万里小学等校名，1960年定为现名。

　　学校经历百年沧桑，一直把让每一个孩子享受均衡教育、优质教育作为追求目标。注重引导师生继承和创新以"秀慧、细腻、柔和、智巧、素雅"为特色的山塘文化。历史的脚步清晰凝重，文明的传承绵延不息。正是一代代教育人的默默耕耘，才令这份事业得以延续传承。

苏州市山塘中心小学校长　周利人

千年古街上的百年老校

文汇雅聚（以下简称文）：学校早期的发展历史是怎样的？

周利人（以下简称周）：我们1912年建校，遗憾的是，根据现有的史料，只知创办人姓毛，并没有留下具体的名字和行迹。校址刚开始在山塘街会馆弄内，后与岭南会馆协商，迁入山塘街840号（今136号）的岭南会馆原址，正式称为圣公会学堂，隶属基督教会管辖，共设四个班。因遇兵盗停办后，1929年8月，许秋芳重新捐资创办私立惠群小学，但在敌伪统治时期又一度停办，继由李南山续办改称镇立万

里小学校。1945年抗战胜利，惠群小学再度复校。

文：新中国成立后，又经历过哪些大的变迁呢？

周：在1957年和1958年，我们分别与世德小学、三友小学合并，1960年定名为沿用至今的山塘中心小学校。2005年，大德小学成为我们的分校，并于2009年我们异地重建时并入我校。值得一提的是，大德小学也是一所拥有悠久历史的老校，由郁沈懋萱氏创建于1924年，名为郁氏尚德小学，校址则为山塘街502号的郁家祠堂。至50年代，成为公办性质的大德小学。值得一提的是，上世纪六七十年代，我们的体操队十分有名，1973年起参加"苏州市小学生体操比赛"，男女团体均获三连冠。校友俞剑祥更是荣获过世界技巧锦标赛冠军。

文：这么看来，学校跟山塘街和会馆的渊源确实很深。

周：我们是千年古街上的百年老校。唐代大诗人白居易兴修的山塘街，被誉为"神州第一古街"，而它的会馆文化就是我们的源头。我们的原校址为岭南会馆，由明万历年间的广东商人创建，民国三年（1914）重修，其《岭南会馆重修记》碑现存于市碑刻

临近山塘街的山小南门，即为重建的陕西会馆大门

博物馆。门楣上方的"岭南会馆"石刻，至今仍清晰可见。大德小学的原址为郁家祠堂，原有黄炎培等名人书写的匾额、楹联多幅，现仍存有门厅、享堂三进。

2009年，我们虽然异地重建，搬离了这两处文物古迹，但新校则又选在山塘街508号的另一所会馆——陕西会馆旧址上。冥冥之中，我们跟山塘街及其会馆的渊源将会持续下去。

最苏州的小学校

文：学校为何会异地重建？

周：2007年，山塘历史街区三期五个重要节点的保护性修复工作全面启动，我们学校的移建工作也就提上了日程。作为一项重要的实事工程，当时的金阊区委、区政府也欲借此契机帮助我们这所小巷里的老学校完成转型。巧合的是，位于山塘街508号陕西会馆旧址上的橡胶二厂正进行"退二进三"调整。区委、区政府深入调研后，认为这里有清塘新村、长盛花园以及山塘街东段的生源作为依托，最终决定收购橡胶二厂，将学校移建于此。至于原来的岭南会馆和郁家祠堂，政府也都作了认真规划。

文：陕西会馆还有多少遗迹留存下来呢？

周：陕西会馆又称全秦会馆，由西安商人邓廷试、刘辉杨倡建于乾隆六年（1741），曾为山塘最大的会馆。据记载，馆内原有戏台、关帝殿、财神殿、春秋楼、文昌阁等建筑，还有各类重修记石碑十块之多。只是随着岁月侵蚀，年久失修，加之建国后在此建厂，其建筑先后被毁。但仍存金家弄围墙、残破石狮、三尺见方覆盆式青石柱础及三间偏殿，文脉犹存。

鉴于在陕西会馆遗址上移建学校的特殊性，区委、区政府延请专业的设计院承担教学场所和会馆遗址保护方案的设计任务。在临山塘街的南门恢复陕西会馆大门，并建有仿古门楼含砖细门头、八字照墙等沿街立面；校园东部大殿遗址改建为遗址公园，保留原有础石，种上植物；东南角则安放三块清代碑记和一对石狮。

文：新学校的设计有什么特别之处？

周：新校址的设计方案由苏州市文物局参与，江苏省文物局监制，

校园雪景

经招投标后严格使用传统材料，采用传统工艺进行施工。学校主体建筑为渗透苏州文化元素的一幢四层教学楼和一幢两层艺体楼，两楼以廊相连，凭栏远眺，尽收虎丘塔于眼底。校园内亭楼相望，花木繁盛，勃勃生机与古朴清雅相得益彰，因而被评为 2009 年"苏州市十佳园林式单位"，成为千年古街上一道独特的风景线。2011 年，教育部领导在参观完校园之后，更是称赞我们为"最苏州的小学校"。

学校就是桥梁

文：学校的校训是什么？

周：我们的校训"尚德、尚学、尚乐"，就刻在行政楼门庭内的浮雕墙上。尚德：上善若水，厚德载物；尚学：学而不厌，诲人不倦；尚乐：兴于诗，立于礼，成于乐。德为首，学为用，乐天知命，全面发展，是我们培养学生的目标。尚德者，继承学校的德育传统——大德小学的前身即为尚德小学。尚乐者，因"山塘始祖"白居易字乐天，以此为训，也表达我们的景行之意。浮雕墙上还有白居易像，以及孔子游春、孔融让梨、苌弘论乐、凿壁偷光、磨杵成针、孟母三迁六个历史小故事，是对六字校训最生动的阐释。整块浮雕中古琴、棋局、竹简、图画等元素表现出学校的教育理念：将素质教育落到实处，让每个学生全面发展。

文：学校的特色教育有哪些？

周：新校区建设时，由于老校友的关心，我们开展了自己的特色教育——书法进课堂和京剧进校园。校友李少鹏是苏州知名书法家，在他的关心指导下，学校精心布置，建设了书法教室和"碑刻廊"，形成了师生共学书法的氛围。书法教育分为三个层面：一是进课程，编写校本教材，每周安排一节课，由专职书法老师教学；第二，大部分学生是在学校吃午餐的，我们利用餐后二十多分钟时间，由班主任组织练习硬笔书法；第三是提高班，挑选学有余力的学生，进行深入的培养。

此外，在知名校友、"京剧第一女老生"王珮瑜女士的支持下，成立了"珮瑜京剧社团"，编撰了《珮瑜京剧社团试用教材》，普及京剧的历史、服装、行当、脸谱以及名家，充分调动学生的积极性。社团活动弘扬了国粹，让学生从京剧的表演中受到艺术熏陶，培养了学生民族艺术的情结，也做好了中国传统文化的传承工作，提高了学生的艺术综合素养。

文：作为一校之长，您希望给这所百年老校带来什么？

周：现在生源问题成了我们发展的一大瓶颈——外来务工子女的比例超过70%。作为这样一所学校的一校之长，我所能做的就是立足眼前，从小处着手做一些有价值的事，为学生、为学校带来更加积极的影响。

回顾校史，一晃一百多年就过去了，而我自己也已有三十年的教龄了。我们特意在校训墙刻上通贵桥、普济桥、山塘桥三座桥梁，既为展现学校临近山塘街的地缘特色，又点明了学校的功能——学校就是桥梁。所以我一直认为，学校应该为学生开创自我成长的最大空间。我们引导学生习字、唱京剧，也是在潜移默化中引导他们修身养性，反过来也能促进学科教学。所谓授人以鱼不如授人以渔，上世纪90年代学校提出"引导自学"的课题，一度成为苏州课题研究的牵头学校。我们一直提倡引导自学，老师起到"扶一把、送一程"的作用，最终还是让学生学会自我管理、自我发展。

（采访于 2016 年 4 月 14 日）

江苏省东山实验小学
苏式课堂，"三学"浸润教学

　　苏州东山，一座千年古镇，这里有旖旎秀丽的自然风光，深厚绵长的历史文化。就在这积淀着丰厚人文底蕴的地方，孕育了一所教韵流芳的江南名校——东山实验小学。东山实验小学始建于清嘉庆二十三年（1818），初名"仰云书屋"，后更名"五湖书院、养正学堂、东山乡立两等小学、东一中心小学、东山中心小学、江苏省吴县东山实验小学"等。2013年，学校异地新建；2015年秋季，新校落成启用。

　　建校近两百年来，历代东山实小人以自己的热情、汗水、憧憬和智慧，成就了今日太湖之滨一颗耀眼的教育明珠。从新中国成立前至20世纪80年代，学校培养的莘莘学子，遍布政治、经济、文化、科技、教育、军事、外交、法律等领域，如郑斯林、朱森林、叶绪华、叶绪泰、苏惠渔等，使东山成为名副其实的"名人之乡""教授之镇"。

　　学校坐落在东山镇南新镇区，占地九十亩，设施一流，环境优雅，美轮美奂。学校将古韵与现代相结合，充分体现百年老校和千年古镇的历史与文化底蕴，为吴中教育发展加注新的活力。学校以"缤纷开万树，梦想适心来"为办学理念，以"云间紫燕排云上，不信春光唤不来"为办学精神，以"坚持以人为本，开展适心教育，实现美德长才，成就苏式名校"为办学目标，以"养正（养德长才，道成德立）"为校训，带领学生"先学、研学、拓学"三学联动，走向更加美好的教育未来。

江苏省东山实验小学校长　吴金根

苏州教育应该有自己的样子和语言

文汇雅聚（以下简称文）：人们常说苏州人应有自己的苏州教育，您理解的苏式课堂是什么样子的？

吴金根（以下简称吴）：历史涵养了苏州人谦和、优雅、好学和致远的人文性格，折射了苏州教育"匠艺"式的气质、气概、气势和气场。苏式课堂，应该是基于教学的一般规律，基于苏州地域文化背景，基于苏州自由、务本、开放和创新的时代特征，体现苏州特色的课堂。我们积极展开"苏式课堂"的教学研究，在学习、研究、实践和反思中，理解和发现课堂教学的智慧策略，不断完善我们的先学、研学、拓学的"三学"教学主张。

文：师生所向往的"有生命、理想的课堂"是什么样的？

吴：课堂是小的，学生是大的；课堂是小的，教师是大的；课堂是小的，教学是大的；课堂是小的，教育是大的；课堂是小的，世界是大的……有生命的课堂要体现对学生的尊重，不仅要尊重学生的人格和权利，还要尊重学生的差异。理想的课堂应该是有学生的，孩子所天天向往的；应该是有灵性的，是充满活力、生机和情趣，充满好奇、猜想和碰撞，充满探究、智慧和创造的；应该是扎实的，有意义，不是图热闹，学生上课"进来前和出去的时候有了变化"；应该是充实的，整个过程中大家都有事干，通过教学学生都发生了一些变化，整个课堂的容量很大；应该是丰实的，有生成，有互动，给人以启发；平实的，教师旁若无人，心中只有学生；应该是真实的，有待完善，可以重建的。

文：如今的课堂正在发生什么样的改变？

吴：今天的课堂正在改变，教学方向从教学走向教育，教学目标从会学走向想学，教学依据

五湖书院

校园新貌

从课本走向课标，教学关系从教学走向助学，教学方式从"坐中学"走向"做中学"，现代技术从"服务于教"走向"服务于学"。现代课堂不是师生表演的舞台，而是师生生命成长的平台；不是知识传递的主渠道，而是知识和思想的集散地；不是教材文本的解剖室，而是文本与生活的对接舱；不是应试技能的训练所，而是智慧生成的孵化房。今天的课堂已经从教室走向了校园、社会，走向了网络新媒体。

先学、研学、拓学的"三学"教学主张

文：您是何时来到东山实验小学教书的？对于教育行业，这么多年的教学生涯有什么心得体会吗？

吴：1981 年 1 月我被分配到东山实验小学，一干就是二十年，其间在 2000 年的时候，我被调到木渎实验小学任校长，到 2012 年 5 月又调回东山实验小学。东山实验小学是"江苏省模范小学""江苏省文明单位"，近年来学校被誉为"苏派名校"。学校历史悠久，至今

仰云亭

已有一百九十八年，马上就要建校两百周年。我觉得教育是一种热爱，教育是一种耕耘，教育是一种使命，更是一种享受。东山实小全体上下正满怀热爱之情，不忘使命，勤劳耕耘，享受教育所带来的无尽快乐与激奋。

文：作为江苏省数学特级教师、苏州市名校长，您提出了"三学"的教学主张，怎样来理解呢？

吴：先学，一种以学生自我、自主学习为主的、非教师直接介入的学生学习活动。意在"自探、自知、自疑"的预学策略中，不断提高学生的自主学习能力。研学，一种在经历自我感悟、体验、思考和发现后的伙伴互学活动。意在让学生充分展示自己的学习成果，并通过提问、补充、质疑、辩论等形式，实现同伴间的合作学习。拓学，一种帮助学生深化和深度认识的学习追溯、嫁接、延伸和拓展的学习活动。意在通过教师"以学定教"，把力用在关键处、重心处，引领学生去"编织"、去"堵漏"、去"爬高"，培养学生的思维升级能力。

文：有人说现在学校的条件越来越好，对学生来说未必是件好事，您怎样看待？

吴：总的来说是一件好事。"三学"教学需要我们充分开发、利用和发现现代信息技术对教学的影响力，研究、建设和应用好"互联网+"教育教学资源平台，建设和利用好"微课程""微课堂"平台，让"三学"通过这些平台可以随时交流。但是一所学校教学质量的优劣，并不完全取决于某一良好的硬件设施或者强大的信息技术，因为这一

气势恢宏的学校正门

切为教育服务、辅助的设施，都只是起到促进学生学习的作用，关键还是学生本身学习知识的资源。这时教师就要知道如何利用学生的生活经验、学习经验、学生自己通过不同渠道获得的及时经验等，通过有效的课堂让学生进行交流碰撞来探索发现。所以教师的教学方向越来越走向为孩子的学习搭好"脚手架"。聪明的老师是装傻的，让学生冲动、有激情，能够表达自己的想法是最重要的。同样，对家长来说，要从小培养孩子对世界的好奇，引导孩子的兴趣方向，包括对他有意识的影响。尊重孩子，对孩子提出的疑问要不厌其烦，根据他年龄特点为他解说，引导孩子自己解决问题。

放开教学，让学生成为学习"发现者"

文：一名优秀的教师应该怎样指导学生学习？

吴：优效的教学应该是基于学生"需要"的教学，因为"明学"才能"智教"。"三学"的课堂是把握学生学习起点的课堂，是关注学生差异的课堂，是提倡学生思想交锋的课堂，是展现学生智慧才能的课堂，是成就学生学习精彩的课堂。杜威说："教师只有熟悉他的每一个学生，他才有指望理解儿童，只有他理解了儿童，才有指望去发展任何一种教育方案，使之或者达到科学的标准，或者符合艺术的标准。"理论也好，实践也罢，都告诉我们："不一样的学生应该有不一样的教学。"放开教学，才能因人而获。

文：现下社会有一种现象是让孩子从小就追求精英教育，高考目标直奔清华北大而去，您怎样看待这种现象？

吴：我们始终认为"只有不会教的老师，没有学不会的学生"，实际上这句话是有背景的。我们的理想是一教就会，但事实上是有的孩子不教也会，有的孩子是再教也不会。教育学本身有总体的目标，但不同孩子的思维、方法、接受的程度、所能达到的高度都不同，所以必须基于孩子自身的发展能力，给予他一种影响，用不同的教育方式，使学生获得不同程度的教学进度，因材施教。现在的一些观点认为每个人都是天生绝顶聪明的，都是直奔清华北大的，这其实把许多孩子本来擅长的领域抹杀掉了，逼迫孩子走向唯一而且不适应他们的道路。

文："三学"教学是怎样教授学生学习的呢？

吴："三学"教学中，我们一是发现学生存在于学科知识、学习能力、学习动力、学习方式的差异以及差异的程度；二是清晰了解学生已有、没有、想有、能有、易有和难有；三是准确把握学生的已知、半知、不知、想知、能知和难知，从而找准教学的起点，把握学习的重点，突出教学的难点。调控教学的弹性，调整教学的环节，找寻出课堂教

俞樾楼

学中需要提供的学习材料，设计好课堂内外、教学前后学生需要展开的活动，规划好课堂的开局、教学的起点和教师的位置，帮助学生"自主"发展、"最近"发展、"低耗"发展、"最效"发展和"最好"发展。

（采访于 2016 年 5 月 19 日）

苏州市高新区镇湖实验小学
给孩子幸福人生的起步

　　镇湖，古称西华，地处东太湖边，是苏州刺绣的主要发源地，更被文化部认定为"中国民间（刺绣）艺术之乡"。这里山清水秀，人杰地灵，深受姑苏人文底蕴的熏陶，自古即敦品励学，崇文重教。

　　清光绪二十七年（1901），清政府下诏将各州、县书院改为小学堂。三十年（1904），江苏巡抚端方奏准开办初等小学堂。至此，苏州市区各镇纷纷开办学堂。民国元年（1912），改学堂为学校，官立则改称县立。民国三年（1914），吴县西华乡立第一初等小学校成立，校址在寺桥镇北的西院塘。沐风栉雨一百余年，遂成今日意气风发之镇湖实验小学。

　　星移斗转，岁月悠悠。百年的艰苦创业，彪炳史册；百年的累累硕果，光彩夺目。几代镇小人风雨同舟，薪火相传，书写了一部既有欢乐又有艰辛的校史，铸就了镇小今天的骄傲。

　　百年的恒成耕耘，一株株幼苗茁壮成长，桃李芬芳，春华秋实；百年的拼搏进取，一代代镇小人学中教、教中学，教研结合，不断探究；百年的开拓创新，学校追随时代脚步，把握世纪，求索奋进，不断发展。

苏州市高新区镇湖实验小学校长　刘健

百年老校焕发新生机

　　文汇雅聚（以下简称文）：镇小是在怎样的背景下成立的？

　　刘健（以下简称刘）：镇小的前身西华乡立第一初等小学校，成立于1914年9月，创办人为顾克明先生。当时西华乡属于吴县，地处太湖边的乡下，其实在1914年之前，镇湖就已有十多家义学、教馆和家塾，较为知名的有上山范家、西马姚家、西京陈家、石帆卢家、市桥朱家等家塾、教馆。这还只是旧学体系，新学之风之所以能吹到这里，有一个社会背景。

　　早在19世纪70年代，美国基督教监理公会就已在苏州城里传教、兼办教育，在城区葑门十全街赁屋开办小学，吴县新式小学即由此发端。晚清时期，清政府也已意识到教育革新的重要性，派官员留洋考察，并送出一大批留学生。苏州也早得新式教育的风气，官商纷纷开办学堂。民国甫立，更是推动新学的进一步普及，使得新学之风吹到了太湖之滨。

　　文：校址有过变迁吗？

　　刘：虽然顾克明先生是学校的创始人，但遗憾的是，他的生平资料均已亡佚。学校初创时，校址在寺桥镇北的西院塘。至1925年，校长更换为府景委，这期间学校屡次改名。1933年，更名为"西华中心小学"，校长则为府绍棠，并开始对下属学校起辅导监管作用。抗战爆发后，学校被迫关闭，1941年，原东渚小学校长陈长庚来西华复校，更名为"西华乡立初级小学校"。随后学校经两次搬迁，在寺桥街曾为国民党驻军征用的同心殿内办学。

　　抗战胜利后，开始实行"国民教育"，并于1948年初迁至长山寺内。1961年，又在长山寺后建校舍九间。"文革"结束后，直到2005年，学校进入撤并调整

期，其中学校于1989年迁入西街新镇校区，直到今年9月，学校再次搬入异地重建的新校区。

文：能介绍一下新校园的情况吗？

刘：我是2013年8月来到这所学校的。当时就觉得这所学校有自己的特点，它地处著名的刺绣之乡，而且我来的时间节点也比较巧——第二年就是建校一百周年。不仅如此，我刚调过来就赶上学校异地重建的契机。当时高新区西部生态城镇湖街道正好想要投资建一

崭新的校园

所新校，最后决定帮我们异地重建。我过来后的第二周，就参与了规划、土建设计的讨论会，以及相关方案的确定等整个过程，新学校于 2014 年 11 月 10 日正式开工。

新校园位于太湖大道南侧，占地 51.7 亩，硬件设施更为完备，规模也有所扩大，将实行八轨制，共四十八个班，扩大了将近一倍。这座孕育于刺绣文化中的老学校，经过一个世纪的匍匐前行，终于焕发出新的生机。

教学楼

风雨操场

给孩子幸福人生的起步

文：学校的校训是什么?

刘：我在负责新校区的建设过程中，意识到要对校史进行必要的梳理。2007年左右，学校已对校史做过一次简单的整理。在此基础上，我重新组织老师，分组对学校档案进行更加细致的挖掘、整理，同时对退休老教师进行访谈，又动员了大量老校友，慢慢收集了一些照片、毕业证等物品，逐渐厘清了学校的发展脉络，从百年校史中挖掘一些可以传承的学校历史文化。发现，在当时位于西街的老校园里有一座桥，是在上世纪80年代就有的，上面刻有"恒成"二字。经过全体老师反复讨论，决定将这内涵丰富的两个字作为校训。

文："恒成"表达了学校怎样的愿景?

刘：恒成，顾名思义，就是持之以恒，成就未来。这正契合了我们现在的办学理想：给孩子幸福人生的起步。学校遵循"恒成"校训，秉承百年教育的文化传统，建构面向未来的课程体系，营造自由成长的生态校园，培育快乐优雅的智慧儿童，探索"世遗传承、科技启智、艺术怡情、体育健身"的教育特色。学校守住心灵的宁静，守望教育的理想，以心启智，德润百年，走进儿童世界，培养世界儿童，给孩子幸福人生的起步。

文：学校有哪些特色课程?

刘：学校的传统特色课程是刺绣，苏绣是国家级的非物质文化遗产，镇湖作为苏绣的发源地，有着深厚的苏绣文化底蕴。学校将国家课程和校本课程进行整合，将其渗透到国家课程的美术和综合实践活动课中，并创建社团，以配合校本课程的实施。苏绣社团安排了固定的教师，这位教师的姐姐在镇湖就有自己的苏绣工作室，我们每星期安排两到三次刺绣课程，并且请卢福英、梁雪芬等十六位刺绣大师作为校外的指导专家。说起来，这些刺绣大师都是镇湖本地人，而且大多数还是我们的校友，对母校本身就有感情，再考虑到这门技艺的传承问题，所以大家都很乐意配合学校来做这件事。目前来看，这个社团的开设是正确的。我们不少小孩很喜欢刺绣，而他们中有些人本就是苏绣世家出身。

刺绣是学校的传统特色，我来了之后，将范围扩大，改为"世遗课程"。除刺绣外，还囊括了评弹和山歌。评弹社团里有两个孩子能说吴语相声，曾在苏州电视台"曲艺小达人"比赛中获得总冠军，随后又获得"苏州市少儿曲艺大赛"一等奖，以及省级比赛的一等奖，成为十足的小明星。此外，我们还有一个比较早的传统活动课程——科技课程，学校连续五年被评为省青少年科技教育五星级先进单位。

学校开发了苏绣、打击乐、舞蹈、儿童画、手工、素描、书法、合唱、吴语评弹等校本特色课程，成立了十几个特色社团，面向全体学生，致力于使学生成长为健康、善良、智慧的国际儿童。

走进儿童世界，培养世界儿童

文：您现在还从事一线教学吗？

刘：我是数学老师，之前除了学校的日常管理，主要任务是新校区建设，以及全校搬迁的工作。当然，学校的教研活动我一定尽量参加，了解学校的教育教学情况，提出相应的策略。我原先在高新区教育局教研室工作，我来的时候就有一种使命感，希望通过自己的努力，为这所百年老校带来实质性的提升。为了加强与新区的其他兄弟学校的交流，就申请将学校改为现名。

近几年，苏绣也遇到了一些瓶颈，最典型的就是版权问题。以前，刺绣的素材用的都是各类书画作品，从不考虑版权纠纷。随着知识产权问题越来越受关注，刺绣创作的素材更加得来不易。我见状，就根据孩子身心发展的特点，将刺绣的题材扩大化、儿童化，不再局限于传统的花鸟鱼虫，而是充分利用学校的资源。学校不是还有美术、科技等兴趣小组吗？我们就让美术小组和其他兴趣小组交流，创作儿童画、科学幻想画，孩子们想象力碰撞之后产生的火花，往往给人莫大的惊喜。未来世界、动植物王国等等，不仅题材丰富多彩，画得还有模有样，很有表现力。我们再从中挑选好的作品，交由刺绣小组再创作。这样一来，不仅从小渗透了版权意识，还大大地丰富了刺绣的表现题材，也很好地促进了各个兴趣小组之间的交流，是一举多得的事，成为我校刺绣社团的一大特色。今年，我们学校被评选为苏州市艺术

1961年，校长张逢贵在长山寺后建校舍九间，并开辟了一片菜地，解决当时极端的经济困难

团结 守纪 奋发上进

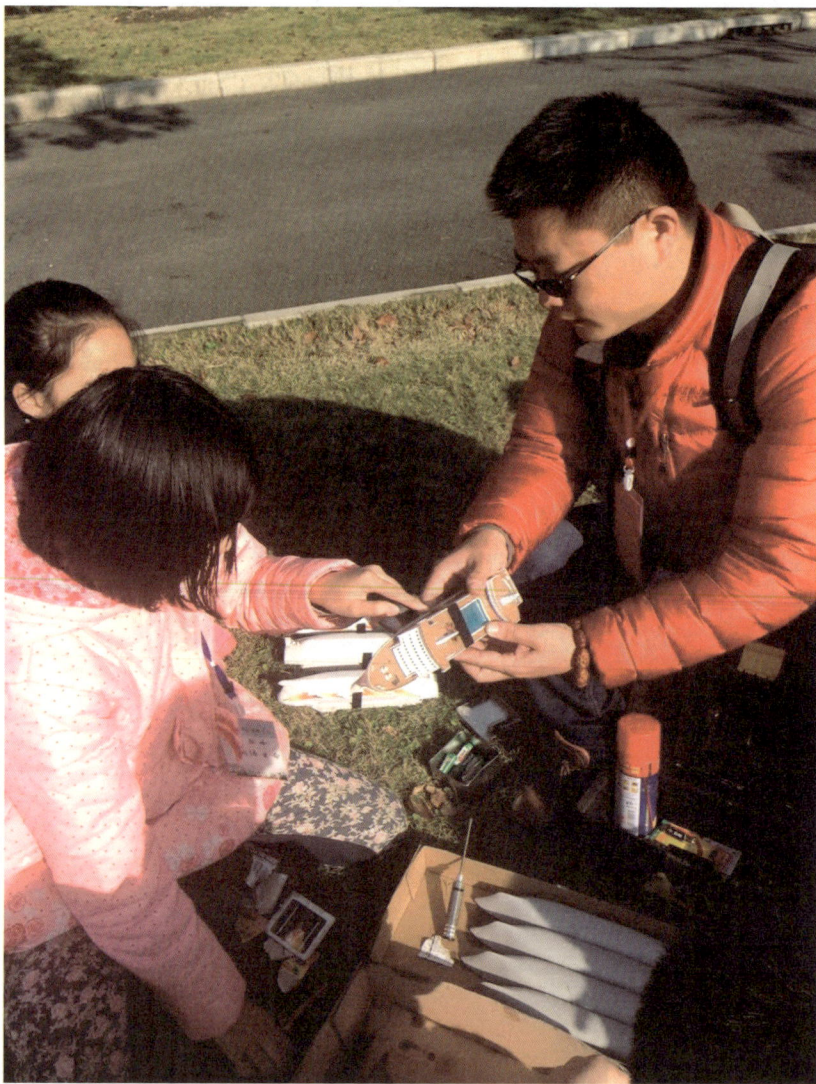

2015年参加江苏省"我爱祖国海疆"航海模型教育竞赛获一等奖

教育特色学校。

文： 您觉得什么样的教育才是好的教育？

刘：在我看来，最适合孩子的教育，就是最好的教育。所谓的适合，有两个层面：一是学生的自我价值，另一方面则是社会层面的价值。如果能将这两者结合好，就是适合每一个个体的教育。所以我才提出，要给孩子幸福人生的起步。小学是每个人一生中的一个重要阶段，学校能做的就是让小孩全面发展的同时，为他们提供幸福成长的人生体验，所以我们一直致力于打造适合孩子的课程。我们结合苏绣文化，提出"走进儿童世界，培养世界儿童"的理念。希望老师首先要能走进儿童的世界，了解哪些是孩子想要的，今天的学习有没有发生，如果没有发生，究竟是什么原因？甚至去深入了解每个孩子的家庭情况，来做出教学调整。

不仅如此，我们还加强了家校互动。学校定期安排家长开放日，而且"毫不设防"，家长可以自由进教室听课，监督食堂的菜色、卫生等。每名一年级学生的家长都要参加为期一年的"七彩E虹·家长学校"，因为小孩从幼儿园升入一年级，可以说是整个学习生涯的正式起步，不仅是学生，家长也需要做好身心两方面的准备。

文：学校的国际化交流也是这一理念的延伸？

刘：是的。我们与英国六所学校有联系，并与其中两所正式签署了友好合作协议，每学期都有交流。现代社会是一个信息社会，人对信息的获取是非常重要的，我们希望孩子的视野不因客观环境而受到局限。

其实，我们在课程方面动过很多脑筋，以给孩子更多的自主选择权。所谓的选择，就是在完成国家课程的前提下，提供一些平台，让孩子发展一些个性化的东西。比如轮滑项目，就体现了我们对课程的认识，它是面向全体学生的。从一年级开始，每周安排一节体育课上轮滑课。经过两年的普及，到三年级时再进行选拔，组成一个校级的轮滑精英团队。这个社团参加过市级、省级的比赛，对孩子们来说都是很宝贵的人生经验。我们也成为中国轮滑示范学校，这学期还延聘了专业的轮滑教练。

当有了选择之后，我们发现，孩子在学校不再感觉那么枯燥，学习也就成了一件快乐的事情。

（采访于 2016 年 5 月 26 日）

苏州市相城区阳澄湖小学
一切为了学生的发展

苏州市相城区阳澄湖小学位于风景秀丽的阳澄湖畔。阳澄湖位于苏州城北的相城区。碧波怀抱的"美人腿"和"莲花岛"伸入湖中，将1.2万公顷的湖面隔成阳澄东湖、中湖和西湖，渔舟唱晚，湖鲜美味，极具江南水乡文化风韵。

民国元年（1912），阳澄湖北岸始置泗泾乡，吴县教育局租借高氏古宅，成立泗泾乡立第二初级小学，绵延百年，发展为如今占地约3.9万平方米，教学班二十个，各类硬件设施齐全的现代化学校。学校本着"德育为首，管理为上，质量为本，全面发展"的办学目标，加强学校文化建设，全面推进素质教育，先后获"江苏省绿色学校""江苏省健康促进学校""江苏省优秀少先队集体""苏州市节水型学校""苏州市节能示范单位""苏州市少先队工作先进单位"等荣誉。丰富的地方文化资源、厚重的人文历史积淀，孕育着一代又一代阳澄学子。

苏州市相城区阳澄湖小学校长　沈奇明

百年的变迁与沧桑

文汇雅聚（以下简称文）： 学校的创办人是谁？

沈奇明（以下简称沈）：学校由高东彦先生创办于1912年。在民国正式成立前的1911年，他就已经在着手筹划此事。高家在泗泾镇上算是大族，高家古宅也是泗泾老街上三大古宅之一。1912年，学校正式成立，名为"泗泾乡立第二初等小学"，并开班招生，校址即为位于泗泾老街南端的高家宅院"庆号"内。新校初立，只开设了一个班级，学生二十多人，教师一名。

文：随后又有哪些变迁呢？

沈：这之后的十多年间，学校先后划归吴县的第二、第六、第八等几个学区，由于地处偏远的乡村地区，规模也仅有很小幅度的增加。民国二十八年（1939），因日军占用校舍驻军，学校被迫停课。两年后复课，更名为"泗泾中心国民学校"，有四名专任教师。民国三十七年（1948）2月，泗泾划归阳澄区，再次更名为"泗泾乡阳澄中心国民学校"。

文：新中国成立后的首任校长是哪一位？

沈：新中国成立后的首位校长是张福祺，此时已有三个班级。1951年初，由政府出面征地，群众集资，新建校舍十间，有内外两个操场。同时，还征用了原先的民房校舍，校舍建筑面积进一步扩大。1986年，小学迁入兴澄路南端新建的校区，原校舍和场地均让给了阳澄湖中学。当时的新校区建有前后两幢教学楼和一排教师平房住宅，随后又两次扩建了校舍。这一时期（20世纪90年代），学校的硬件设施有所完善，并且开始开展素质教育，成立"阳澄湖文学社"等社团。阳澄湖水滋养了这方沃土，孕育了阳澄湖人的渔农文化。回首这一百多年的历程，虽然时代在更

崭新的教学楼

蟹壳画创作

砖雕课堂

替，环境在变化，但是人们对于教育的坚守从未有一丝一毫的懈怠。

让地方文化深入人心

文：现在这个校区是何时投入使用的?

沈：我们是 2010 年 9 月搬到这个新校区的，是学校历史上的第三次搬迁。自上世纪 90 年代以来，我们作为镇上的中心小学，逐步撤并了各办学点。2008 年，汶川大地震之后，当时的学校领导意识到校舍质量的重要性。在校领导的呼吁下，政府部门立刻对学校进行了勘察，发现低级危房有两座。2009 年，经区委、区政府同意，阳澄湖度假区党工委、管委会将阳澄湖小学异地新建。新校区（含幼儿园）现占地七十亩，小学部设计规模六轨三十六班，建有校园网络系统、标准化田径场。学校建有音乐教案室、科学实验室等专用教室十五个，模拟生态馆、录播教室、风雨操场、图书馆等现代化教育教学设施齐全，所有普通教室和专用教室都装成多媒体电子白板教室。

文：有没有一些体现地方特色的课程?

沈：我们创设的地方特色课程、学生活动社团，是主要依托于地方文化、民俗、生活习惯和劳动特点而建构的，其具有本土化、劳动化、生活化等鲜明的地方特色。这样的特色课程，应阳澄湖的孩子成长之需，为他们的健康发展奠基、增色。地方文化资源是一个地方所特有的精神财富，包括独特的地理环境、风土人情、历史事件以及当前所存在的各类有教育意义的事物。这一方水土是由阳澄湖水滋养孕育的，经济的发展，环境的变化，生活习惯的城市化，对儿童的成长产生了巨大的冲击。我们以"传统文化"和"地方资源"为依托，提出了"根植乡土，发展个性，弘扬阳澄文化"的发展目标，把传统文化教育与必修课程紧密结合，让地方传统文化深入人心。

文：具体是怎么实现的?

沈：我们主要通过两大板块推进特色建设：综合课程和学生社团。综合课程以阳澄文化为主线，继承与发展为基调，蟹文化为特色，实践能力为宗旨，以家乡之美为切入点，让学生在实践中感悟生活之美、自然之美，形成良好习惯，积淀人文素养，使其真正实现"在活动中体验、在体验中成长"。依据学生的兴趣发展方向以及地域文化特色，确立了以"阳澄湖水""蟹文化""砖雕""农事学堂""生态环保""阳澄渔歌"为主题的课程框架，并从多方面保障这些主题课程的落实。为此，学校建立了相对固定的综合实践活动基地，包括农事自留地、莲花岛忆园、莲花岛生活污水生态处理场、阳澄湖水质监测中心等。

至于学生社团，则分两个层级开展：年级实践型兴趣社团和校级专题型社团。各年级段的实践型兴趣社团均由教师按学生需求与教师技能特长设计开发，内容涉及书法、象棋、绘画、武术、编织等十多类，充分保证每一个孩子都能参与兴趣活动，也为校级专题型社团的建设奠定坚实的基础。校级专题型社团包括基本艺体特长活动社团（如器乐、舞蹈、美术、书法、足球等）和以学校特色专题开发的社团（如苏派砖雕、蟹壳画、阳澄渔歌、苏剧传承、咏春拳等）。

追求特色是为了不忘本色

文：蟹壳画听起来很有意思。

沈：阳澄湖大闸蟹名闻遐迩，加上阳澄湖度假区的建立，蟹文化就成为我们重要的地方文化。我们不少师生的家里开办了农家乐，学校就废物利用，将吃剩下的蟹壳变废为宝，经过清洗、消毒处理之后，让小朋友们在上面画京剧脸谱等题材，做成别致的手工艺品。此外，我们还重点开发了农事学堂和阳澄湖渔歌等课程，比如农事学堂，我们跟旅游公司签约结对，安排学生到阳澄湖莲花岛，为学生讲解一些农事的知识，播种、捕鱼、捕蟹、结网、草编等。

在我的理解中，追求"特色"，其实也是为了鼓励孩子不忘"本色"。我们用心开发这些地方特色课程，除了丰富学生的知识库，让其感悟生活之美、自然之美，更希望培养出他们热爱家乡、尊重劳动的情操。除了这些有着浓郁的本地特色的课程外，我们还逐步扩展了诸如苏派砖雕、苏剧等有着苏州特色的传承课程，这些也都是我们要持续努力的方向。

文：学校的校训是什么？

沈：我们的校训是"崇德尚勇"。学校遵循"把学校打造成为自然和谐、阳光快乐的创新乐园"的发展愿景，以"德育为首，管理为上，质量为本，全面发展"作为办学宗旨，秉承"学会做人、学会求知、学会实践、学会创造"的培养目标，逐步形成了"团结、立业、务实、创新"的校风，"立德、立言、博学、关爱"的教风和"勤学、善问、求真、尚美"的学风。

文：您会以怎样的教育理念引领这所百年老校？

沈：自 1998 年走上教育岗位以来，我一直坚信，学校所做的一

农事学堂

国歌队歌合唱比赛

上世纪八九十年代丰富多彩的文娱、教学活动

切都应该是为了学生的发展。我担任校长的时间不长，相较于理念，更关注实际问题的解决：师资队伍职业素养的提升，学校文化特性的培植，学生综合能力的培养等，都需要坚定的毅力、恒久的耐心。

陶行知先生说："全部课程包括全部的生活，一切课程都是生活，一切生活都是课程。"我们创设地方特色课程、学生活动社团，具有本土化、劳动化、生活化等鲜明的地方特色。我们的师生每天都生活在这样相互交织的时空、共同的环境里，一起经历着学习、探究、交流等生活的片段，课程与生活的界限也就没那么清晰。这就是"生活中的教育，教育中的生活"。

让更多新一代的阳澄湖畔长大的孩子，以及外来务工人员子女，能通过在校六年的学习生活，受到良师引导、课程培育、活动锤炼，从而养一身淳朴之气，育一颗乐学之心，练一种担当之魄，实是教育者之幸事。

（采访于 2016 年 6 月 21 日）

附录

苏州百年老校的文化特征
及其现代价值研究

文/顾月华

摘要：苏州现代学校从创办至今，一百多所学校筚路蓝缕，以博大仁爱的教育思想，以科学求真的教育精神，精致质朴，智巧变通，兼容开放，形成了独特的教育文化魅力。研究这一文化族群所具有的共同的文化特征，有助于我们对苏州基础教育近百年的历史及其办学规律进行科学、客观、理性的再认识，以实现新的伟大文化觉醒。

关键词：中小学校；文化特征；现代价值

一、缘起：2006年，百年教育节点上的思考

迄今为止，苏州的基础教育界仍然保存并发展着近百所百年中小学校，它们是苏州现代教育史上的"典籍"之作，代表着苏州乃至中国现代教育的传统精华。在深厚文化底蕴基础上发展起来的苏州百年中小学校，既有厚重的积淀，又有灵动的活力。这种积淀和活力，我以为就是学校教育的文化所在。为此，本文的研究视角放在苏州近百所百年老校的文化特征及其现代价值的思考上。

苏州百年中小学校的文化是一种群体的共同文化。对共同文化的理解有两种：一是把"共同"这个词理解为对某些东西的共享；二是把它理解成一般，如低级、粗俗与未加提炼等。从后一种意义上讲，这个词与拉丁词 vulgus 相关，指的是普通民众。因此，研究苏州百年老校的文化特征，既要研究这些学校共享的、整体性的文化，也要研究这些学校低级的、原生的、未加提炼的文化。通过研究，给予方向性和指导性的建议，从而提高和升华学校的文化。

基于上述思考，笔者以"族群"的概念，研究苏州市百年中小学这一特定群体的共同文化基础，从标志性建筑、景观、校训、著名创办人、名教师、名校友，以及重要历史事件、重大改革举措、传统重大节日仪式活动等多方面，寻找其文化意义上的"共同形象"，并试图从中探究出他们带有区域共性的文化价值。

从学校文化发展的角度，笔者试图对百年学校文化传统在价值上实现其现代意义的转化进行研究。所以，就要关注文化传统的现代价值。文化的生命力在于穿透历史活到现在，而这正是百年中小学校优良文化传统的现代价值之所在，也是笔者研究的历史观。

寻找百年老校文化传统向现代教育价值转化的具体结合点，树立创造性转化的思想，把学校的精神生活引向更高的目标、更新的存在，从而激发百年老校的生机与活力，这是笔者研究的目的论。

发挥百年老校文化的示范、导向、凝聚、选择和辐射功能，最大限度地挖掘校园文化的思想性、知识性、科学性、创造性和社会性，这是笔者研究的认识论基础。

促进学校的文化自觉是笔者研究的价值论基础。文化自觉是决定文化走向和建设快慢、质量高低的关键。文化自觉需要学校深思文化问题，形成共识，并将这种自觉向全社会扩散。文化自觉对学校提出了更高要求，即建设精品学校，以高品位的校园文化建设来带动教育现代化，从而为培养更多高素质人才奠定基础。

二、苏州百年老校的文化特征：双面绣特点

学校有着传承、融合和发展文化的功能，文化育人是学校本质的核心，文化个性是学校制度的灵魂。

在解读百年学校的过程中，我的脑海中不断浮现出一组组标志学校文化的意象群，校园里的太湖石、古银杏，小桥流水、丝竹之声……学校与园林、学校与山水，浓妆淡抹，相映成趣。

钟情园林的叶圣陶说，苏州园林"讲究亭台轩榭的布局，讲究假山池沼的配合，讲究花草树木的映衬，讲究近景远景的层次。总之，一切都要为构成完美的图画而存在"，从而使游览者得到"如在图画中"的感受。

2004年11月，苏州获评中国十大最具经济活力城市，并摘取含金量最高的"年度城市"大奖。评选委员会给出了这样的评语："一座东方水城让世界读了2500年。一个现代工业园用10年时间磨砺出超越传统的利剑。她用古典园林的精巧，布局出现代经济的版图；她用双面刺绣的绝活，实现了东西方的对接。"

是的，苏州双面绣闻名遐迩，苏州人爱用双面绣来向外界诠释、传达自己的城市形象：一面是水，一面是陆；一面是古城，一面是新区；一面是经济，一面是文化；一面是传统，一面是时尚。两面相辅相成，铸造成举世闻名的"人间天堂"。苏绣突出了江南文雅习俗的风貌，色泽清淡雅致，构图简洁明快，绣针精细，丝理转折。李政道先生这样评价苏绣："苏绣是超弦""以科学的观点，一根线就能够表达三维空间，而苏绣就是用一根根线，以艺术形式，表达时间与空间。苏绣创新，能生万象。"

苏州百年学校，正如双面绣，传神入化又创新万象地延传着中华优秀的文化精神和教育品性，处处呈现出吴地文化濡染浸润的印记。借用双面绣绝活，可以绣出如下特点：一面是探索实现教育的民主和普及的大众化之路，一面是满足品牌教育需求的精品教育选择；一面是教学过程中的精益求精，一面是教育改革上的高潮迭起；一面是柔一面是刚；一面是乡土的一面是世界的。苏州百年学校的文化具有"双面绣"的特点，它不仅爱德，而且求真；不仅精致，而且质朴；不仅智勇，

而且开放。

（一）爱德与求真在苏州百年学校中是如此的和谐与统一，彼此交融，它们是苏州"双面绣"特点的教育价值所在和存在基础，是科学理性与人文关怀的精致结合

"仓廪实则知礼节，衣食足则知荣辱"，发达安定的苏州人文传统源远流长。"里巷闻弦诵之声""皓首穷经者，前后相望"，文人的聚集，读书风气的兴起，佛教、道教在江南的广泛传播，最终涵化了吴人的性格，使吴地的社会结构和民俗风气发生了深刻的变化。人杰地灵、人才辈出，正是尊师兴学、重文重教的直接结果。于是，发端于府学、私塾、书院的苏州现代学校，从创办之初就浸润于吴文化之中。学校地处区域文化的核心位置，成为化育民风、德行示范之地。"先天下之忧而忧，后天下之乐而乐"的传世名篇，成为许多学校校训的重要内涵；"天下兴亡，匹夫有责"的呐喊，唤起了一代又一代苏州学子的报国之志。源于吴地的爱国主义精神成为千古绝唱，文化苏州以德为先的学校教育代代相传。

"至德称太伯，文学推言游；专诸任侠兮，孙武兵谋。伊兹邦之含宏兮，笼万象于一丘。思我先民兮，抗志云浮。学端其始兮，六艺是求。文事既饬兮，武备修。张广乐兮，佩吴钩。以和制国兮，以勇事仇。"苏州中学1927年的校歌，通篇可见吴地特色的教育理念，突出"六艺"，涵盖德智体诸方面。全文开头罗列4位名人，均与古代吴地有关，下文"吴钩"更直接点明。苏州中学1927年的校歌体现了爱国主义精神，首句以"德"引领全篇，以下"文事""武备"兼顾，立足当时中国积贫积弱的社会现实，体现全面发展，强调尚武精神。

苏州百年老校的尚仁尚勇尚德的思想与对真善美的追求浑然一体。曾为教会学校并培养过钱钟书等一代大师的桃坞中学将"高尚纯正之品格，切实适用之学旨"作为育人根本。爱德与求真在认知与实践上融会贯通起来。悠悠一百年，苏州的中小学校在浓浓的文化底蕴、殷殷的民风学风基础上，在吴韵旋律中，以他们独特的方式实践着真、善、美和谐统一的教育理想。

（二）精致与质朴在苏州百年学校中发挥得淋漓尽致，它们是苏州"双面绣"特点的教育艺术的真实写照，也是对苏州百年学校生活的生动描述

精致的校园，处处呈现浓郁的文化气息，经典的校园注重每个细节的教育意义；古老的校园承载无数珍贵的教育遗产，独特的校园浸染苏州文化的山山水水。建筑与自然、校园与园林、生态与文化和谐统一。精致是苏州园林的特色，也是苏州百年老校的特色。人文附丽则使苏州学校的校园生态与文物名胜相辅相成，相得益彰，学校根植于吴文化"天人合一"的沃土之中，终成独特的苏州文化有机整体，从而呈现"学校－园林－文物－建筑"蔚为壮观的格局。

精致于教学则丝丝渗透儒雅的教育风范，业勤致精、业精致善。苏州市教育局顾敦荣老局长，在"九五"期间为善耕小学的题词"求真、求美、求善、求实，善问、善学、善教、善耕"，不仅成为善耕小学的校风、教风和学风，同时更是苏州百年学校教育的真实写照。延请教师，善聘善用；组织教学，善教善导；治学之道，善学善问。用叶圣陶先生的话即："教师当然须教，而尤其宜致力于'导'。导者，多方设法，使学生能逐渐自求得之，卒底于不待教师教授之谓也。"用李政道先生的话即："求学问，需学问；只学答，非学问。"

精致于管理则时时折射经久的教育张力。百年学校长期积淀所形成的正是弥漫于校园中的一种风气，一种无形又有形的精神氛围。它彰显人作为人的尊严和价值，为师生营造一种宽松平等、充满人文关照的心理环境，最终形成合作共享、宽容和谐的柔性管理机制。百年来，和校园建筑精巧交相辉映的是学校管理者的细致，缜密，刚柔相济。百年来历任校长精心规划，以文化统领学校发展；潜心研究，坚持公平与效率的完美统一，在百年的追问中不断坚持传统并且在动态的建构中创生而成历久弥新的制度规范。实而厚重、素而无华、纯而不杂、真而简明，这就是苏州百年学校质朴的教学境界，稳重而有学养、大气而不张扬。

精致与质朴，在苏州百年学校的教育教学过程中，不断呈现其相辅相成、相得益彰的关系。苏州十中柳袁照校长追求的"质朴大气、倾听天籁、真水无香"，以及"书院气、书卷气、书生气"的办学境界，则是这种关系的生动诠释。可以想象，置身吴文化濡染浸润的书香校园，苏州的学子能不体现谦和有礼、敦厚好学、淡泊明志、高贵典雅的气质与风度吗？

（三）智勇与开放是苏州百年学校发展的基本方式，它们是苏州"双面绣"不断创新和与时俱进的表现，也是苏州学校发展的基本经验

穿越百年的江南烟雨，苏州的中小学校经历了无数的洗礼和考验。战争与动乱、灾难与浩劫曾无情地荡涤过充满浓郁人文气息和经典园林般的菁菁校园，但灾难中的老校依然像无私的母亲，在柔弱的外表下坚守着不屈的精神，始终温婉热情地关爱着每一个孩子的心灵，激发爱国之心、磨练报国之志。苏州中学倪振民校长说："我们的校园不仅是座历史悠久、教学过硬的著名学府，同时也是一座孕育革命火种的熔炉和培养革命英才的摇篮。"回首历史，当一个个睿智的教育者的身影从粉墙黛瓦的书案前站起的时候，历史就已注定，今日的苏州中小学校必然会承袭这种历经风雨而不衰的教育精神，在虔诚的对话之中，前贤启迪后昆，今人告诉来者。

在苏州人的思维传统中，爱德与求真是统一的，求真与致用也不是对立和排斥的，在科学技术的领域尤其如此。范仲淹办府学，"要求学生通经致用，且开算学、水利诸科，被誉为'苏湖教法'。"号称实学思想家的顾炎武"提倡认真读书、实地调查以求经世致用"。《安定学法》的首创者胡瑗先生以"明体达用"为指导思想，以"因材施教"为教学原则，在中国教育史上首创了分斋教学法，第一次创立分科教学和必修、选修制度，对后世的教育尤其是苏州的教育产生了积极深远的影响。八十多年前，叶圣陶先生从甪里小学的教改实践中充分认识到：学生是学习的主体，提出"他们（学生）的本质是创造的"；"在教育来学的人的同时，要特别注意引导他们知变，求变，善变，有所改革，有所创新"；"要掌握教学方法，逐步改进教学方法"；"脚踏实地，去发动、去推进那所谓'变'的，是适应时代的勇士"；"教育要变，就得在精神上变，革除传统的教育精神。"教师是创新教育的实施者，创新型教师是培养学生创新能力的必要条件。在苏州的历史记载中，苏州人和苏州文化始终遵循着包容与融合的方向和路标，走的是一条开放与创新的康衢大道。1905年江苏巡抚陆元鼎在沧浪亭设游学预备科。这是苏州选送学生出国深造的开端。"自1894年中日甲午战争后，到1985年止的91年间，苏州市先后出国留学学生1050余人（含六县市及流寓苏州者）。"由此可见，西学教育思想对近代苏州的影响非常深刻。"中学为体，西学为用"曾为苏州教育者的共识与追求。苏州十中第二任校长、留美归来的王季玉说："我们不能让西方教育完全替代东方文明，而应该让它成为一种有益的补充。"苏州实验小学第四任校长、留日归来的俞子夷积极倡导在本土化的前提下大胆借鉴西方先进教学法。他说："国化（民族化）是取洋之长以补国之短，移植必服水土，乃能生根。全盘洋化或洋化过度，不合国情，则所长变为所短，无益而有害。"如果"国化只适合于大城市，对绝大多数乡村仍无裨益，则国化不能彻底"。他反对"取貌遗神"，赞成搞"四不像"，摸索五段教学法和道尔顿制的改造，以建造中国式的设计教学法。

今天，苏州百年学校在走向世界的国际教育舞台上更显风采与魅力。师生的眼界开阔了，与世界对话的能力增强了。一批批具有国际视野、博大胸怀的青年学子翱翔在世界各地。近两年，仅苏州中学一所学校就有八十多名在国外留学，五十名学生被国外知名大学录取。

总之，苏州现代教育的一百年，是本土化与国际化不断交流融合的一百年，是教育不断走向民主开放的一百年，是从精英走向大众、从普及走向优质的一百年。

三、苏州百年老校的现代价值：走向文化自觉

（一）反思：苏州百年学校教育传统的追问

学校文化不是自发形成的，而是通过自觉行为长期塑造生长起来的。考察苏州现存的一大批经典名校的发展轨迹不难发现，苏州名校的发展得益于几千年崇文尚教的文化传统，得益于社会贤达和教育精英出任和执掌学校，更得益于培养和延请大批名师执教，以此提升学校的发展品位和教育质量。这些学校历经百年而不衰的不仅是经典的校园，不仅是高水平高质量的社会声誉，更是他们自身发展中积淀下来的教育精神和文化个性，无论时代如何变迁，无论遇到何种挑战，学校始终勇立潮头，开教育风气之先。借用老师们的话说："老学校的教育传统是刻骨铭心的，老学校'老'在氛围、'老'在风格、'老'在底蕴，老学校永远珍藏在老百姓的心中。"

今天，在城市迅速发展、教育布局调整的过程中，苏州的一些百年老校也已撤并消亡，还有许多则面临着严峻的考验。消失了的老校，无法复原的遗迹，只能通过现存的学校来求证历史的过程，去推演其文化的流变。研究这些学校生存发展过程中的重要变迁，可以为我们寻找百年学校兴衰存亡的规律提供基础。在苏州百

年学校的发展过程中，尽管由于许多原因，有些东西会散失、会割断，但学校文化薪火代代相传。比如昆曲的优雅、绚丽就是校园文化的关键性元素。昆山第一中心小学、千灯中心小学、大儒中心小学等校的娃娃昆曲团，进京献演《长生殿》《十五贯》《牡丹亭》等折子戏，并漂洋过海，在日本、韩国、新加坡等国，赢得了一大批洋戏迷们的热捧。在苏州四中的校园里，学生们举着自刻的《一团和气》笑出了声；在东渚实验小学，800多名学生学起了苏绣；在常熟白茆、吴江芦墟，当地的中小学校传出了用当地方言演唱的委婉清丽的山歌，"白茆的塘水拼死甜，白茆的山歌最好听"，在孩子们稚嫩的歌声中，流淌了3000年的吴歌重又寻找到栖息的地方。

　　真正的传统并不是一去不复返的遗迹，而是一种生机勃然的文化精神和生命力量。苏州百年教育的历史已经证明：盛衰有常，凡是凝聚了传统文化精粹的教育必然具有顽强的生命力。它可能由于一时的主客观原因而衰落，但必能伴随着这个学校的变迁、发展而获得再生。只要能保持独特的个性和灵感，能沟通古今的学校教育，那么它就会青春不老，常盛常新。

　　（二）唤醒：苏州百年学校文化意识的崛起

　　1993年费孝通先生在苏州举行的两岸三地社会学人类学座谈会上面对经济全球化这样反思道："概括地说，我们都是生存在文化转型过程中的人物。呼吁文化自觉，希望大家能致力于我们中国社会和文化的科学反思，用实证主义的态度，实事求是的精神来认识我们有悠久历史的中国社会和文化。"文化自觉是一种文化的反思与追问，是一种文化意识的唤醒。坚守教育的个性是文化自觉的首要任务。

　　2006年，作为研究者，我们策划了一次特别的活动：寻访苏州的百年老校。这是一次穿越历史的文化之旅，这是一次面向全社会的真情呼唤！——唤醒尘封的记忆，唤醒人们心中对孩提时代学校的美好记忆，在唤醒中捍卫我们历经百年而不衰的教育精神，凝练和提升苏州独特的教育文化。教育内外的老前辈殷殷地告诫我，"百年老校与苏州的古建筑、古民居一样是城市的文化品牌，是活的教育史，不能听之任之让其自生自灭"；许多老师呼吁"让孩子们在灿烂的历史文化长河中遨游，培育尊重历史、关爱自然、和谐发展的人文精神"；校长们也告诉我，他们为如此形神兼备的学校而自豪，"我们的学校是一部中国普通基础教育发展进程史的缩影。前人留给后人的精神财富，已经融入学校的血脉，成为学校文化发展的基石。"

　　珍藏与回眸——逝去的老校渐成一道风景；寻访与守望——精品的老校渐成一种典籍；颂扬与传承——心中的老校渐成一种精神。我曾经自问：作为一名行动研究者，该如何去寻找和提炼那些走过百年历史的学校校长们独特的使命感？当我在参与百年老校寻访的过程中，当我有幸见证百年校庆的精彩瞬间时，我常常为校长们上下求索的精神所感染。他们像考古学家一样珍藏与再现学校的历史文献，像导演编剧一样精心策划每一个校庆的细节场景，像企业推介员一样向每一个社会的关联部门宣传学校的百年业绩；更像那些为我们所推崇的教育大家一样，为百年的学校甘愿苦其心志、劳其筋骨。筹备百年校庆的一段时光，是激情燃烧的岁月，是校长们最忙碌、最充实、最富灵感与创造、最受身心历练与洗礼的岁月。他们在内心深处与前辈的教育家对话了、共鸣了、新生了，他们感受到一种从未有过的精神力量，他们的目光中充满了爱与智慧，身处校园，他们周围生发出偌大的教育磁场。正如华东师大陈玉琨教授在苏州十中百年校庆举行的"美与德"论坛上所言："校园之美首先在于继承，懂得继承才能创造校园之美。"只有在延续和尊奉传统的过程中，我们才能获得生存的意义、教育的意义。学校传统使学校获得了独特的个性，它把今天的我们和久远的历史连接起来，构成了学校的文化记忆。拥有自己的传统，并为自己的传统而自豪，这是一所老校、名校得以延续生长、得以枝繁叶茂的根。

每个人都生活在历史之中，每个人都将对历史负责。百年老校的一草一木都在无声地提醒我们：尊重历史，敬畏时光，善待传统。教育传统是现代教育的灵魂与源泉。它既昭示了现代教育的本质内涵，又表现了现代教育的实践特性。拥有一颗感恩的心，此其一；在感恩历史中扬弃传统，此其二。传统存留之好坏，如果从校长个人的情感喜好而言，则见仁见智；如果从学校发展的需要出发，则惟有教师之需，学生为本。因而需要什么传统似乎比需不需要传统更为重要。现代社会对所有传统文化都提出了挑战。只有对这些挑战作出创造性的回应，传统才可能有生机。只有在精神上对学校传统继承创新，学校生命力才会历久弥新。借用费老"各美其美，美人之美，美美与共，天下大同"的文化自觉论，则可为苏州百年学校文化的创造性转化，为博采众长、坚守个性的苏州教育迎来更加灿烂的发展前景。

参考文献

[1][美]克利福德·格尔茨.文化的解释[M].韩莉译.北京:译林出版社,1999.

[2] DEAL Terrence E., PETERSON Kent D.,Shaping of School Culture:The Heart of Leadership.Jossey-Bass Publishers, 1999.

[3]陆有铨.躁动的百年[M].济南:山东教育出版社,1997.

[4]刁培萼.教育文化学[M].南京:江苏教育出版社,2000.

[5]殷爱荪,周川.校长与教育家[A].明日教育文库[C].福州:福建教育出版社,2004.

[6]程晋宽."教育革命"的历史考察:1966—1976[M].福州:福建教育出版社,2001.8.

[7]方健.范仲淹评传[M].南京:南京大学出版社,2001.12.

[8]柳袁照.旧雨来今雨亦来[M].苏州:古吴轩出版社,2004.

[9]倪振民,千秋业.江苏省苏州中学"府学千年,新学百年"校庆专刊[D].

[10]张洪鸣.两善三育特色学校——苏州叶圣陶实验小学[M].北京:中央文献出版社,2002.

[11]徐天中.苏州市实验小学[M].北京:人民教育出版社,1999.

[12]徐世仁.苏州教育志[M].上海:上海三联书店出版社,1991.

图书在版编目（CIP）数据

苏州百年老校校长访谈录 / 董宙宙主编. — 上海：文汇出版社，
2017.1

ISBN 978-7-5496-1998-6

Ⅰ. ①苏… Ⅱ. ①董… Ⅲ. ①校长－访问记－苏州－
现代 Ⅳ. ①K825.46

中国版本图书馆CIP数据核字(2017)第018573号

苏州百年老校校长访谈录

主　　编 / 董宙宙
责任编辑 / 伊　人
特约编辑 / 鞠　俊
装帧设计 / 李树声

出版发行 / 文匯出版社
　　　　　　上海市威海路755号
　　　　　　（邮政编码200041）
印刷装订 / 苏州市越洋印刷有限公司
版　　次 / 2017年3月第1版
印　　次 / 2017年3月第1次印刷
开　　本 / 787×1092　1/16
字　　数 / 100千
印　　张 / 16

ISBN 978-7-5496-1998-6
定　　价 / 68.00元